¡HOLA, SEXO!

ELENA CRESPI I ASENSIO

¡HOLA, SEXO!

ILUSTRACIONES DE PATRICIA AGÜERO

TODO LO QUE NECESITAS SABER SOBRE SEXUALIDAD

B DE BLOK

Papel certificado por el Forest Stewardship Council®

MIXTO
Papel | Apoyando la silvicultura responsable
FSC® C117695

Penguin Random House Grupo Editorial

Primera edición: junio de 2024

Diseño de los interiores: Penguin Random House Grupo Editorial / Silvia Blanco
Ilustración de la página 112: © iStock / zstockll

Printed in Spain – Impreso en España

ISBN: 978-84-19378-90-3
Depósito legal: B-7951-2024

Compuesto por Francisco Javier Martínez Lavandeira

Impreso en Impreso en Rodesa, S. L.
Villatuerta (Navarra)

BL 7 8 9 0 3

Para ti, porque tu sexualidad es muy importante

☺

ÍNDICE

INTRODUCCIÓN

¡Hola!

Soy Elena y quiero explicarte qué te vas a encontrar en este libro. La idea es que todo lo que te cuento aquí te ayude a construir una idea realista del mundo de la sexualidad y la afectividad.

Estoy convencida de que ya sabes algunas cosas, pero quizá tengas dudas sobre muchas otras y seguramente acudas a este libro en busca de información. **El aprendizaje sobre la sexualidad y la afectividad dura toooda la vida, así que ¡no esperes dominar el tema de la noche a la mañana!** Además, dudo que se pueda enseñar por completo. Pero espero que lo que te cuento te sirva para saber dónde documentarte de manera fiable, porque hay mucha información sobre sexoafectividad que no es cierta.

En este libro te propongo **un viaje de exploración sobre la sexualidad**: qué es, para qué sirve, su vinculación con las emociones, el cuerpo y la mente, y lo importante que es **aprender a tener buenas relaciones con las demás personas**. Asimismo, te propongo que reflexiones para que tu aprendizaje sobre ti y tu sexualidad sea superprovechoso. Antes de que te adentres en el libro, quiero explicarte una cosa sobre el vocabulario que utilizo: verás que hay momentos que uso el femenino, a veces el masculino y en algunas ocasiones echo mano de palabras terminadas en *e*. Es una nueva manera de expresarnos con un lenguaje que sea inclusivo y que tenga en cuenta a hombres, a mujeres y a personas que no se identifican con estas etiquetas. Si ahora no sabes de qué hablo, no te preocupes..., dentro del libro lo descubrirás.

¿EMPEZAMOS EL VIAJE?

1. ¿QUÉ SABES DE LA SEXUALIDAD Y LA AFECTIVIDAD?

Seguro que has oído hablar de la sexualidad. O del sexo, del amor, de enamorarse, de la identidad de género, de la homosexualidad, la bisexualidad, la pansexualidad, etcétera. A menudo, estas palabras se confunden y me gustaría explicarte cómo definimos cada una de ellas para que su significado te quede más claro que el agua. Aquí te dejo un pequeño **glosario**:

1 SEXUALIDAD

Es un pedazo muy importante de nuestra vida y tiene que ver con gran parte de nosotros, con el cuerpo, los genitales, algunas sensaciones de placer, la reproducción, quién nos gusta, cómo nos sentimos...

2 SEXO

Es el conjunto de características que definen si somos machos, hembras o intersexuales (¡pronto verás un muñequito que te contará qué es ser intersexual!). Hay tres elementos que definen nuestro sexo:

GENITALES

Es lo que tenemos entre las piernas. Por ejemplo: el pene y los testículos, o la vulva con su clítoris, vagina, uretra, etcétera. Y no son solamente lo que tenemos en la parte de fuera, sino que los genitales también tienen su parte interna, dentro del cuerpo. De esto hablaremos un poco más en el capítulo del cuerpo. ¡Ve allí si no sabes cómo son los genitales!

HORMONAS

Son unas substancias que tenemos dentro y que se encargan de mandar información importante para que, por ejemplo, nuestro cuerpo crezca. Y hay hormonas que se encargan de llevar información sobre nuestra sexualidad.

CROMOSOMAS

Son como pequeños libros que se encuentran en nuestro interior y están cargados de información sobre cómo somos físicamente; por ejemplo, de qué color son nuestros ojos, nuestra piel y nuestro pelo. Hay cromosomas que indican si tenemos pene, vulva, útero, testículos, etcétera, o sea, la información vinculada a nuestra sexualidad.

3

RELACIONES SEXUALES

Son los juegos con los que las personas adultas sienten placer y se divierten. Estos juegos pueden hacerse estando en compañía o a solas. Muchas veces son besos, caricias, tocamientos en gran cantidad de partes del cuerpo (incluyendo la zona genital). Cuando se juega en compañía, es superimportante que nadie haga nada que no quiera y que nadie obligue a nadie a jugar a algo que no desea.

4

COITO

Es un tipo de relación sexual. En este caso, el pene se introduce dentro de la vagina. Esta puede ser una de las maneras para que una persona se quede embarazada, ¿lo sabías? ¡Más adelante te explicaré punto por punto cómo se hacen los bebés!

También es primordial que tengas consciencia de todo lo que envuelve el mundo afectivo y, para ello, vamos a ver otros conceptos fundamentales:

5 AFECTIVIDAD

Es el sentimiento de cariño y vínculo hacia otros seres o cosas. Se puede sentir cariño hacia personas, animales, vegetales, objetos, proyectos, lugares. Los afectos pueden ser sociales o sexuales. ¡En las personas, existe una amplia diversidad de afinidades sexuales y afectivas que veremos más adelante!

En el mundo de los afectos, ¿sabes qué palabras se confunden mucho? **Atracción**, **enamoramiento** y **amor**. A menudo, vemos pelis o series calificadas de historias de amor, pero en realidad en ellas vemos enamoramientos y sentimientos de atracción. Vamos a explicar qué es cada una de ellas para que tú no te líes.

6 ATRACCIÓN

Es cuando quieres estar cerca de alguien porque te resulta interesante. La atracción puede ser intelectual, de amistad, y afectiva y/o sexual. Y se pueden dar cada una por separado ¡o que las sientas todas a la vez! Pero, ¡ojo!, que una persona despierte tu atracción no significa que ella sienta lo mismo o que sea una buena pareja para ti.

7 ENAMORAMIENTO

Es cuando sientes atracción afectiva y/o sexual hacia una persona, te gustaría que fuera tu pareja y, además, te imaginas cómo sería vuestra relación si fuerais novies. Pero, de nuevo, que te enamores de alguien no significa que la otra persona sienta lo mismo por ti o que podáis ser una buena pareja.

8 AMOR

O como a mí me gusta llamarlo, la «construcción del amor». El amor lo puedes sentir por muchas personas de tu entorno familiar, de amistades..., pero aquí te voy a hablar del amor que se suele sentir hacia una pareja. También se le puede llamar «vínculo sexoafectivo». La atracción y el enamoramiento son algo que no puedes controlar, no puedes elegir por quién sientes atracción o de quién te enamoras, pero sí puedes escoger con quién construyes una relación de amor. El amor, pues, es un acto consciente. Y, ¡ojo!, además de sentir atracción y querer empezar una relación con una persona, debemos respetarnos, comunicarnos, cuidarnos, entendernos, divertirnos y construir una historia en la que estemos de acuerdo.

Estás a punto de llegar al final de este pequeño glosario sobre sexualidad y afectividad. Ya solo nos queda conocer a **Muñequito del Género**, que nos va a echar una mano para entender conceptos como **bisexual**, **asexual**, **persona no binaria**, **heterosexual**, entre otros.

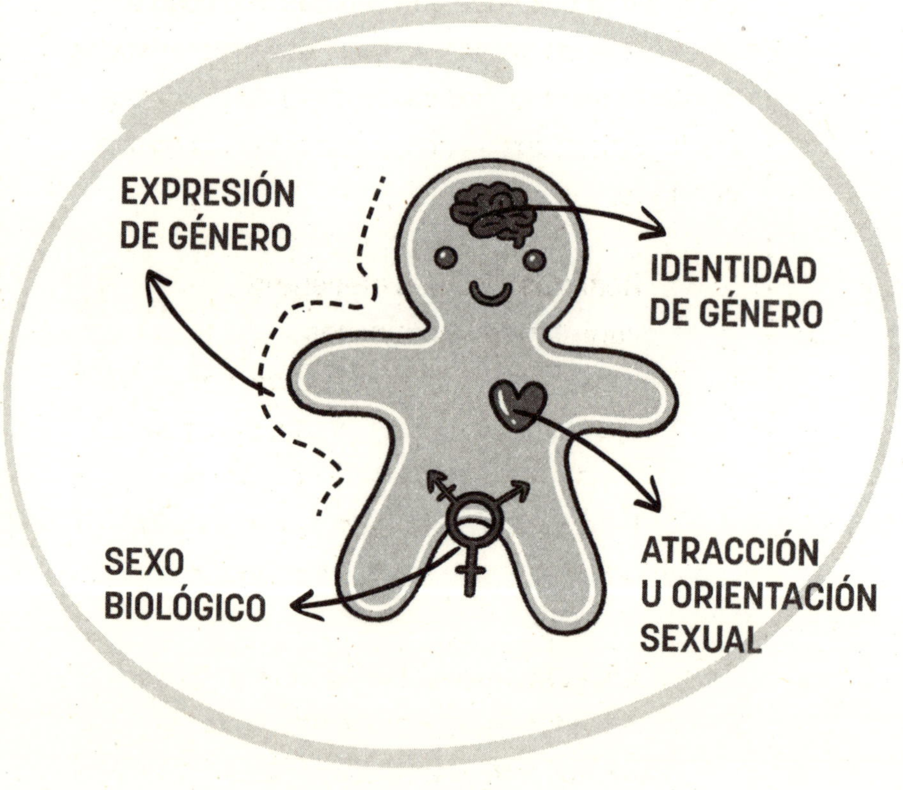

En este dibujo ves **cuatro palabras**. Quizá alguna te suene porque la hemos definido anteriormente, ¿verdad? Vamos a explicarlas y verás que cada una nos trae nuevas palabras que aprender.

9 SEXO BIOLÓGICO

Antes te decía que el sexo son las características sexuales que hacen que seamos machos, hembras o intersexuales. Y te he mencionado los genitales, las hormonas y los cromosomas. Vamos a ver ahora qué hace que seamos una cosa u otra. Todas las personas tenemos características sexuales de todos los sexos, pero nos podemos distinguir en función de las que tenemos en más cantidad.

Hembras: quienes presentan características sexuales mayoritariamente femeninas. Por ejemplo: vulva, internamente ovarios y útero, segregan más cantidad de hormonas como los estrógenos y sus cromosomas sexuales son XX.

Machos: quienes tienen características sexuales mayoritariamente masculinas. Por ejemplo: pene y testículos, internamente próstata, segregan más cantidad de hormonas como la testosterona y sus cromosomas sexuales son XY.

Intersexuales o intersex: personas con características sexuales que no pueden etiquetarse como mayoritariamente femeninas o masculinas. Por ejemplo, cuando los genitales de una persona son parecidos a una vulva o a un pene pero no se ve del todo claro, los llamamos intersex. También puede ser una persona con órganos sexuales femeninos y solamente un cromosoma sexual X. Y para que puedas ver cómo pueden ser estos órganos, aquí te dejo un dibujo.

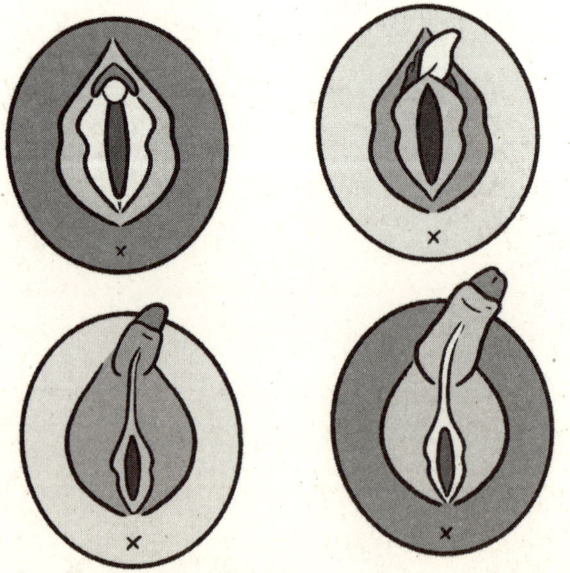

(10) IDENTIDAD DE GÉNERO

Aquí viene un tema que puede parecer complicado, pero, en realidad, es muy fácil. La identidad es cómo nos definimos. Y la identidad sexual es cómo nos definimos en relación con nuestra sexualidad. Al nacer, quien tiene vulva se dice que es una niña, y quien tiene pene, niño, ¿verdad? Quizá ahora te preguntes: ¿y qué pasa con las personas intersex? Pues se las etiqueta como niños o niñas en función de si sus genitales se parecen más a un pene o a una vulva, en lugar de reconocer que son intersex. Es más, muchas personas intersex tienen unos genitales que pueden ser estándar, pero sus cromosomas o su cantidad de hormonas no coincide con el sexo asignado a esos genitales.

Por eso, no todo el mundo está de acuerdo con esta clasificación tan **binaria** y que solo se tengan en cuenta los genitales. Es importante saber que **hay personas que tienen pene y no son niños, y personas que tienen vulva y no son niñas**. A algunas personas nos resulta difícil entender el mundo dividido en dos géneros exclusivamente; por eso, hablamos de «identidades no binarias», porque las distintas realidades nos muestran que hay que ir más allá de separar entre chicas y chicos.

> HABLAMOS DE BINARIO CUANDO SOLO HAY DOS OPCIONES.

La identidad de género, además, ha ido acompañada de otro concepto que te cuento en breve: la expresión de género. Eso significa que nos han enseñado que los chicos deben comportarse como chicos, y las chicas, como chicas. Después veremos qué podemos hacer con esta idea tan cerrada, ¿vale?

Volvamos a la identidad de género. Existen muchas más posibilidades además de ser niño (chico u hombre) o niña (chica o mujer). No es necesario aprenderse todas las identidades que existen, porque vamos descubriendo cada día más. Lo importante es (¡presta mucha atención!): respetar la identidad de género de cada persona. Para ello, quizá haya tres palabras que sí necesitas conocer:

Trans: una persona es trans cuando no está de acuerdo con la identidad de género que le han asignado al nacer. Por ejemplo, una persona a quien hayan definido como chico porque ha nacido con pene, pero en realidad sea una chica.

Cisgénero o cis: es la persona que sí está de acuerdo con la identidad de género que se le ha asignado al nacer. Por ejemplo, una persona a quien han catalogado como chico porque ha nacido con pene y está de acuerdo con que es un chico.

No binaria: toda persona que considera que la clasificación entre hombres y mujeres se le hace pequeña, cree que hay muchos más géneros y se identifica con un género que no es ni hombre ni mujer.

¿Lo ves complicado? Quizá un poco, pero eso es porque seguramente todo esto te suene a nuevo. A medida que vayas conociendo más personas que no son cisgénero, irás comprendiendo mejor. Lo importante, como te decía antes, es respetar a cada persona y pedirle si quiere ser tratada como chico, chica o persona no binaria.

12 ATRACCIÓN U ORIENTACIÓN SEXUAL

Es la que nos dice hacia quién sentimos atracción sexual y/o afectiva. Existen distintos tipos de orientación sexual y te explico algunas:

Homosexual: cuando te gustan las personas de tu mismo género.

Heterosexual: cuando te gustan las personas que no son de tu género.

Bisexual: cuando te gustan las personas de tu género y de otros. Hay quien también utiliza la palabra **pansexual**.

Asexual: cuando no sientes atracción o solamente la sientes en algunas circunstancias o hacia algunas personas.

13 EXPRESIÓN DE GÉNERO

El conjunto de características que asociamos a las chicas y a los chicos es lo que llamamos «expresión de género».

Antes te decía que nos han enseñado que los chicos deben «comportarse como chicos», y las chicas, «como chicas». Hemos aprendido que el rosa es de chicas y el azul es de chicos, y hemos asumido que algunas profesiones son de hombres o de mujeres. ¿Te has fijado que la mayoría de las personas que se dedican a la mecánica son hombres? ¿Y que la mayoría de las bailarinas son mujeres? Pero todo esto tiene poco sentido si pensamos un poquito sobre ello. ¿Se te ocurren más ejemplos?

CHICAS	CHICOS
ROSA	**AZUL**
MUÑECAS	**COCHES**
CUIDAR BEBÉS	**FÚTBOL**
SER PELUQUERA	**SER MECÁNICO**
SER ADMINISTRATIVA	**SER PRESIDENTE**
______	______
______	______
______	______
______	______

Ahora vamos a reflexionar: ¿de verdad crees que una chica no puede ser mecánica? ¿O que un chico no puede cuidar de un bebé? Esta separación en función de si eres hombre o mujer es injusta, pero tanto las niñas como los niños reciben una educación que fomenta que se interesen más por unas cosas y no tanto por otras. ¡Ah!, y esta diferenciación no tiene en cuenta que existen personas no binarias...

Todo esto forma parte de la sexualidad. Ya ves que es muy amplia. Y, ahora, vamos a ver para qué sirve...

¿PARA QUÉ SIRVE LA SEXUALIDAD?

La sexualidad está presente en nuestra vida desde siempre. Sí, ¡incluso cuando no somos más que un feto! Porque entonces nuestro cuerpo se está formando y el cuerpo forma parte de nuestra sexualidad. Antes de que te explique qué funciones cumple, me gustaría que te tomaras un momento para pensar para qué crees tú que sirve la sexualidad.

Puedes anotarlo aquí:

¡A ver si has acertado! Te cuento, la sexualidad sirve para:

TENER BEBÉS.

DIVERTIRSE Y TENER SENSACIONES DE PLACER.

COMUNICARNOS CON NOSOTRES MISMES Y CON OTRAS PERSONAS.

Luego te detallo cómo se hacen los bebés, que es muy interesante. Pero primero déjame explicarte que **la sexualidad nos permite conocernos, expresarnos y comunicarnos con otras personas**. Porque nuestra identidad de género, orientación sexual, sexo biológico y expresión de género forma parte de nuestra sexualidad y nos ayuda a saber quiénes somos, quién nos gusta y con quién queremos trabar una relación sexoafectiva, si es que queremos trabar una. Y cuando estamos en pareja o saliendo con alguien, la sexualidad también nos sirve para expresar qué sentimos por esa persona, si nos alegra, si nos hace sentir bien y si nos aporta bienestar o no.

Y no olvides que **la sexualidad también nos puede traer un montón de diversión y de placer**. Porque nuestra sexualidad tiene que ver con nuestro cuerpo y con las sensaciones que experimentamos a través de él. Y... supongo que ya te habrás dado cuenta de que unas partes del cuerpo te provocan unas sensaciones de placer y otras... pues no tanto. Y eso puede ser superdivertido. ¿A que te gusta pasarlo bien? Supongo que hay cosas que te divierten más que otras, ¿verdad? Con la sexualidad pasa igual: no a todo el mundo le gusta lo mismo y le divierten las mismas cosas.

¿CÓMO SE HACEN Y CÓMO NACEN LOS BEBES?

La reproducción es una función importante de la sexualidad. Te lo voy a explicar desde el principio y de manera fácil, ¿vale? En primer lugar, los genitales tienen un papel fundamental en la reproducción, y por eso es muy interesante que los conozcas bien.

Así son el pene, los testículos y la vulva mirados desde fuera:

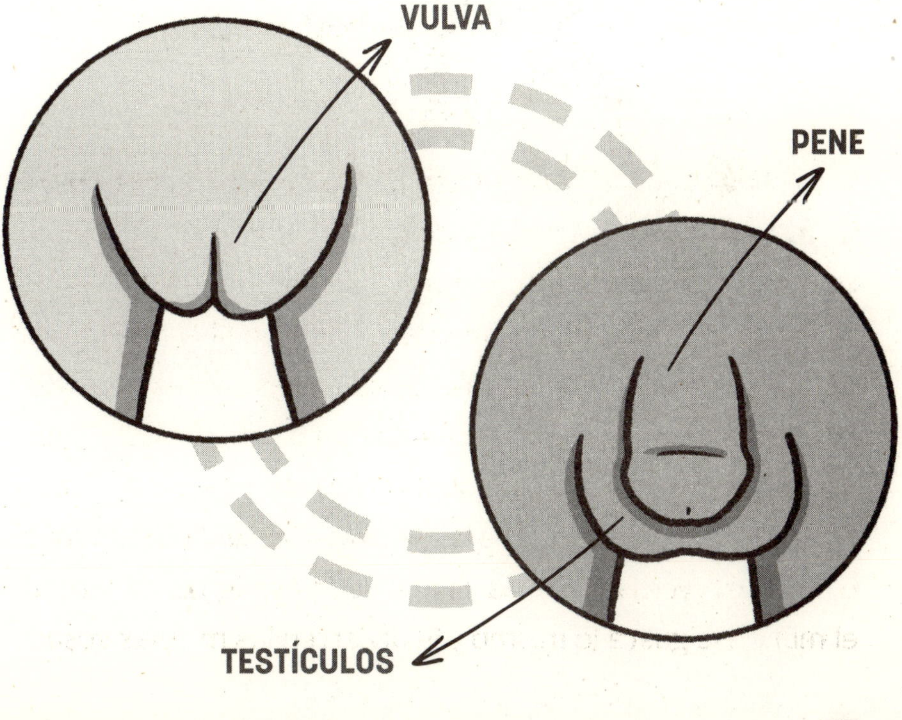

SISTEMA REPRODUCTOR FEMENINO

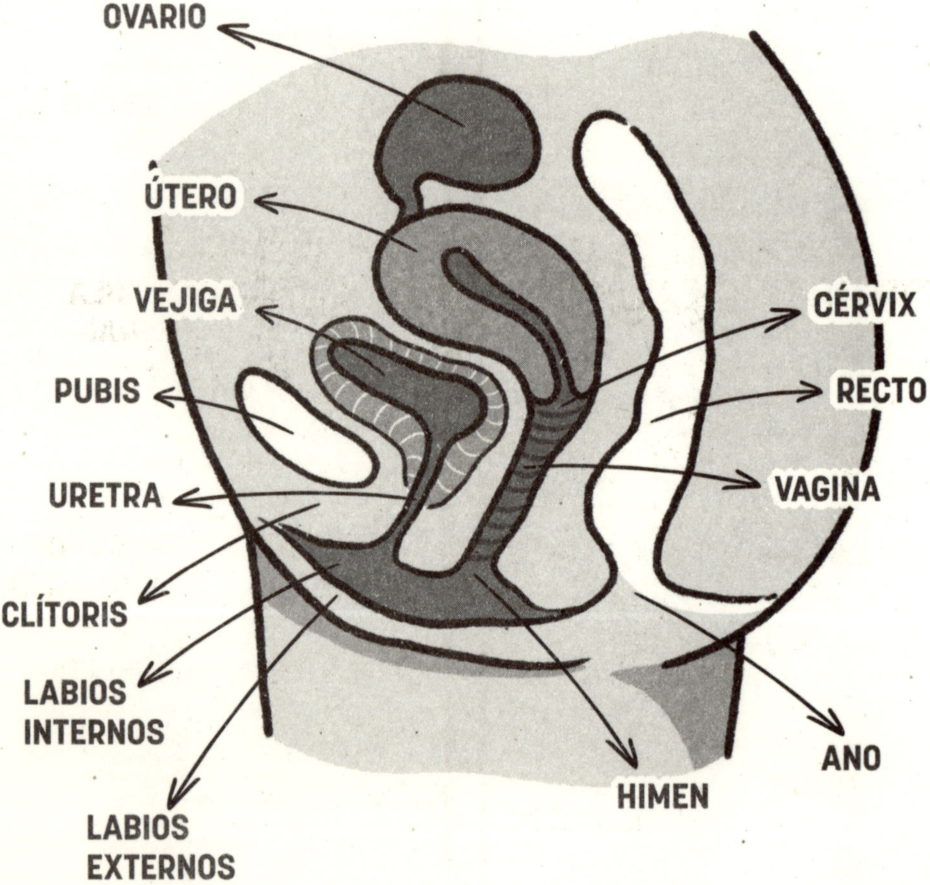

SISTEMA REPRODUCTOR MASCULINO

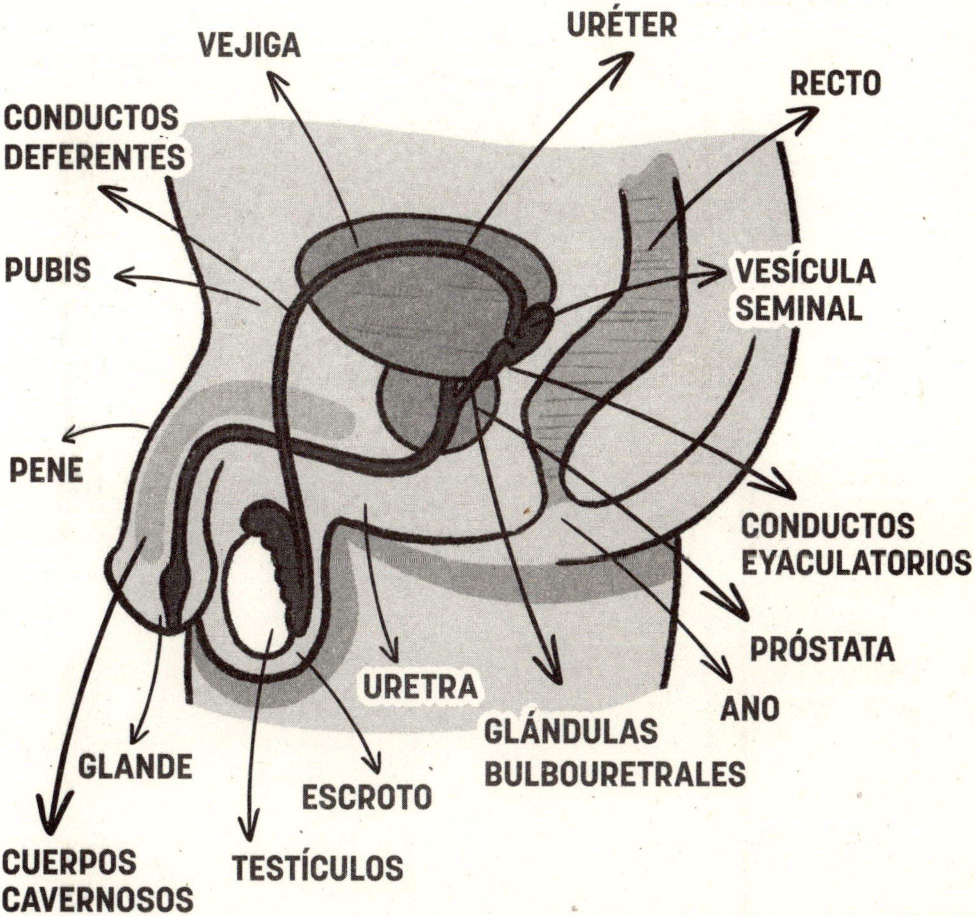

Vamos a ver qué debe hacer nuestro cuerpo para poder tener un bebé. Para empezar, ¡hay que conseguir un embarazo! Y eso requiere todo un proceso que ahora te cuento. Lo primero es que se fusionen un óvulo y un espermatozoide. ¿Sabes lo que son?

UN ÓVULO es una célula que tienen las personas con vulva, ovarios y útero. En el cuerpo hay muchos de ellos esperando, pero cada mes se libera un óvulo nuevo atento a encontrarse con un espermatozoide, o más de uno.

GENERALMENTE, LAS PERSONAS CON VULVA, ÚTERO Y OVARIOS SON LAS MUJERES CIS. PERO TAMBIÉN HAY HOMBRES TRANS QUE TIENEN ESTAS PARTES DEL CUERPO Y, TAMBIÉN, PERSONAS NO BINARIAS O DE OTROS GÉNEROS.

UN ESPERMATOZOIDE es una célula que tienen las personas con pene, testículos y próstata. Los espermatozoides no están dentro del cuerpo esperando que les toque el turno para salir, sino que se fabrican justo en el momento en el que los necesitamos.

GENERALMENTE, LAS PERSONAS CON PENE SUELEN SER HOMBRES CIS. PERO TAMBIÉN EXISTEN MUJERES TRANS QUE TIENEN ESTAS PARTES DEL CUERPO Y, TAMBIÉN, PERSONAS NO BINARIAS Y DE OTROS GÉNEROS.

Después de que el óvulo y el espermatozoide se encuentren, pueden fusionarse y entonces se convierten en el inicio de un bebé, el **cigoto**. Este cigoto se transformará en un embrión, el embrión en feto y el feto se irá desarrollando hasta acabar siendo un bebé. **Mágico, ¿verdad?**

Pero ¿cómo se consigue que un espermatozoide y un óvulo se unan? En pocas palabras, hay dos formas:

DE MANERA NATURAL

Los espermatozoides salen a través del pene y entran en el útero por una cavidad que hay en la vulva: **la vagina.**

Te explico el proceso paso a paso:

PASO 1. Necesitamos a dos personas que deseen tener un bebé. Una de ellas debe tener pene y la otra, vulva. Para conseguir que el óvulo y el espermatozoide se encuentren, tienen que juntar sus cuerpos, sobre todo los genitales. A eso se le llama tener **relaciones sexuales con penetración**. También se le llama **hacer el amor**.

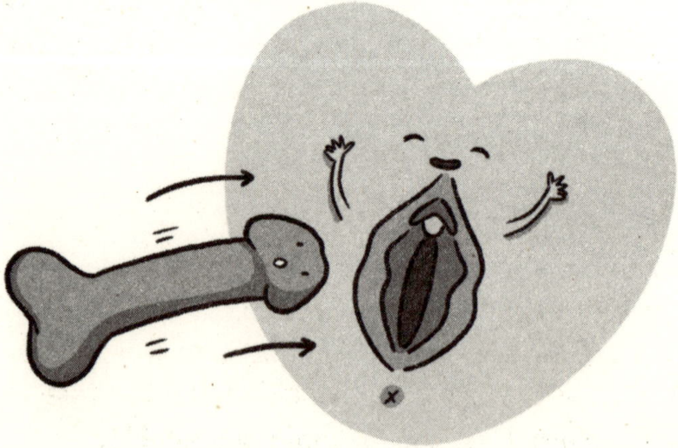

PASO 2. El pene se pone duro y se levanta, se acerca a la vulva y se introduce dentro de la vagina. En ese momento, toda una colección de espermatozoides se ponen en marcha y emprenden un pequeño viaje en busca del óvulo. Los espermatozoides salen expulsados del pene junto con un líquido, llamado **semen**, que les facilita ir más rápido (porque tienen unas cuarenta y ocho horas de vida y su misión es encontrar el óvulo cuanto antes mejor). Esta expulsión se conoce como **eyaculación.**

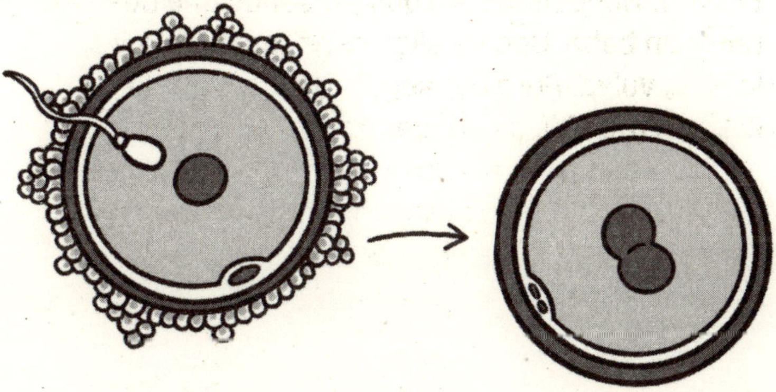

PASO 3. Cuando los espermatozoides se encuentran con el óvulo, este elige a cuál de ellos deja entrar para que empiece el proceso de fusión y se conviertan en una célula única que se llama **cigoto**. A esto se le llama **fecundación**.

PASO 4. El cigoto seguirá con su proceso de metamorfosis y el segundo día se convertirá en un **embrión**. Cuando hayan pasado ocho semanas, este embrión ya se habrá desarrollado tanto que le podremos llamar **feto**. Hasta ahora era una célula que iba cambiando y a partir de la octava semana ya empieza a parecerse a un bebé. ¿Sabes dónde vive el embrión (o feto)? Está instalado dentro del útero. Ahí es donde va creciendo hasta que llega el momento de nacer.

1. Fecundación
2. Estadio de 2 células
3. Estadio de 4 células
4. Estadio de 8 células
5. Estadio de 16 células
6. Blastocito
7. Feto de 5 semanas
8. Feto de 10 semanas
9. Feto de 16 semanas (mórula)
10. Feto de 20 semanas
11. Feto de 40 semanas

PASO 5. Si todo ha ido bien, llegará el momento del nacimiento. Los bebés están preparados para salir por la vagina. El **cuello del útero (o cérvix)** está bien cerrado hasta que llega el momento de nacer. Es el que comunica el útero con la vagina. Cuando el bebé quiere nacer, el cuello se abre para que el bebé pueda llegar a la vagina, que se adapta a su cabecita y deja que salga al exterior.

FASE DE DILATACIÓN

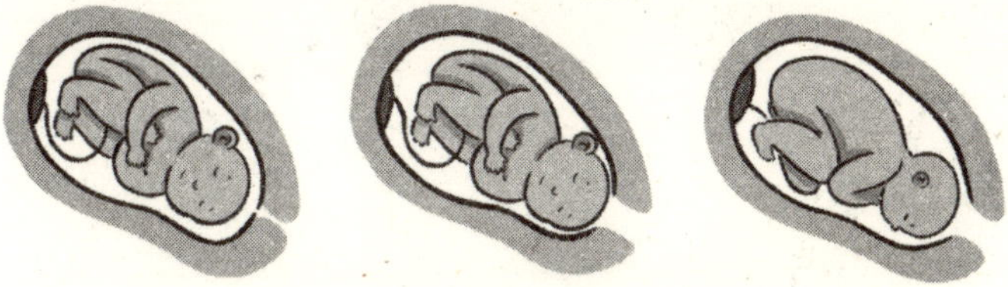

FASE DE EXPULSIÓN

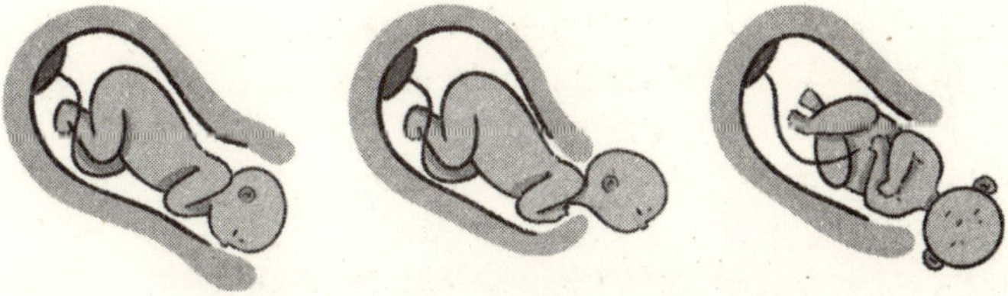

FASE DE ALUMBRAMIENTO

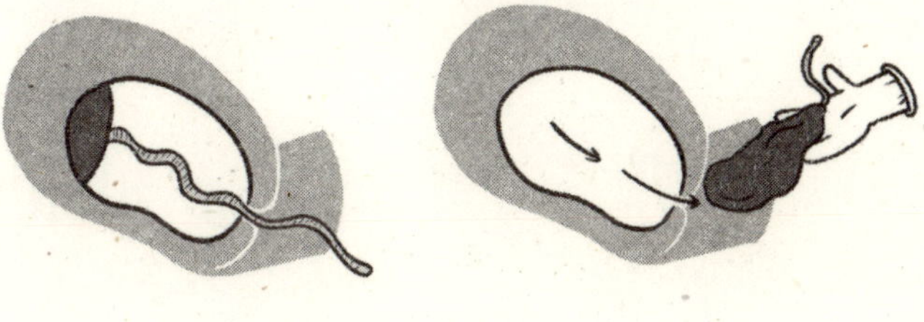

PASO 5 BIS. A veces, el bebé no puede salir por la vagina y se hace una operación que se llama **cesárea** para sacarlo por la barriga.

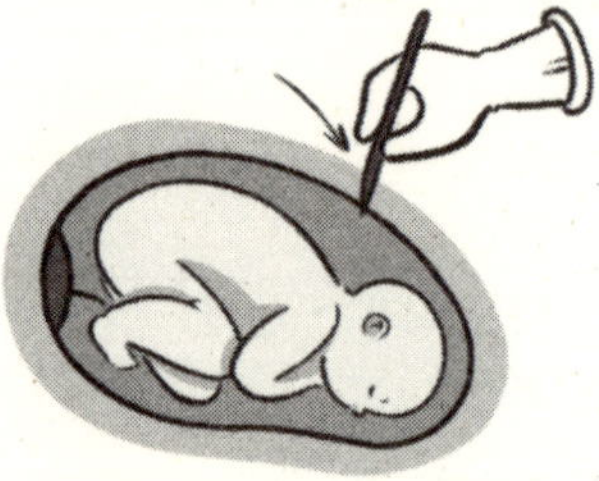

1

INCISIÓN
EN EL ABDOMEN

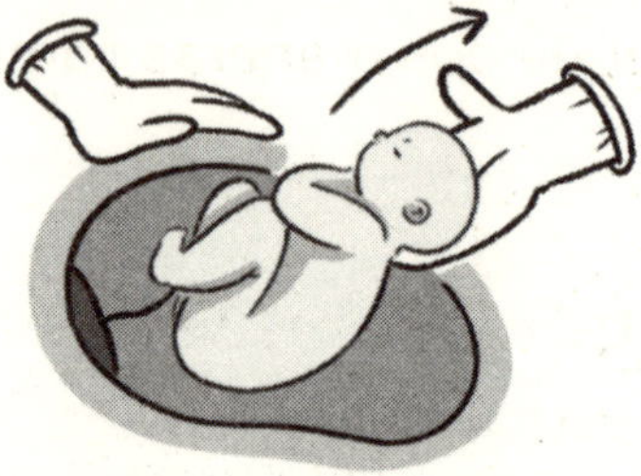

2

EXTRACCIÓN
DEL BEBÉ

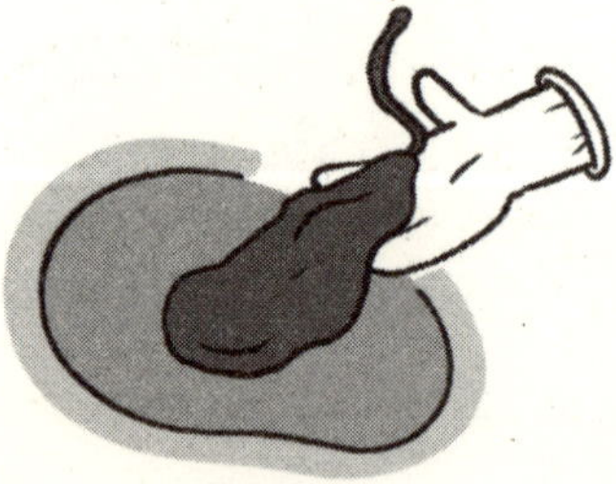

3

EXTRACCIÓN
DE LA PLACENTA

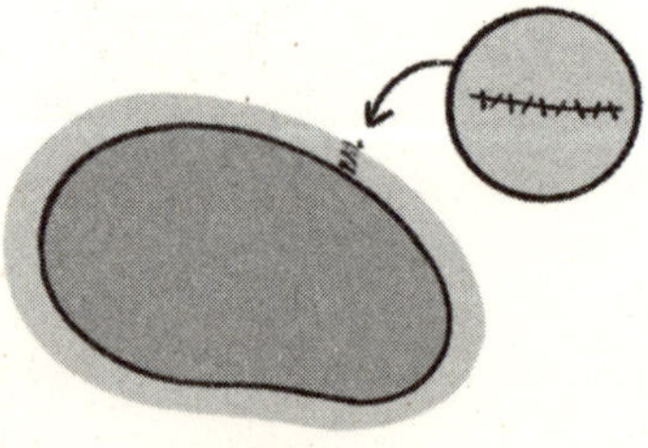

4

SUTURA CON PUNTOS
Y GRAPAS

CON ASISTENCIA MÉDICA

Cuando no se puede conseguir un embarazo de manera natural, existe la posibilidad de juntar un óvulo y un espermatozoide con asistencia médica. Y eso se puede hacer de dos maneras también:

INSEMINACIÓN ARTIFICIAL: se utiliza una jeringa especial que está llena de espermatozoides y se vacía dentro de la vagina para que los espermatozoides empiecen el viaje, encuentren el óvulo y uno de ellos se introduzca en él.

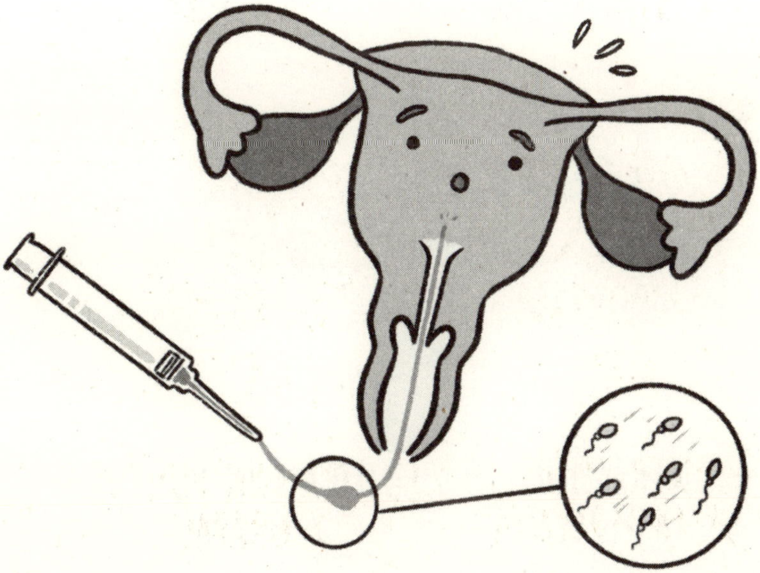

FECUNDACIÓN IN VITRO: ¡la medicina ahora puede hacer cosas que parecen de película! En este caso, se juntan un óvulo y un espermatozoide en el laboratorio. ¿Sabes cómo? Se inyecta el espermatozoide dentro del óvulo y, una vez que se han unido (o fecundado) y tenemos el inicio de un bebé (el **cigoto**), se introduce dentro del útero y empieza el embarazo.

Cuando el bebé ha nacido, llega el momento de aprender a cuidar de une hije. Y es un momento complicado, pero que suele ser muy feliz.

¿CÓMO SÉ QUÉ SIENTO?

Mucha gente decide compartir su sexualidad con otras personas. Y eso pasa porque sienten afecto hacia el otro, porque quieren divertirse con él o porque desean reproducirse. **¿Te acuerdas de las funciones de la sexualidad?** Hay quien quiere compartir su sexualidad por uno de los tres motivos, por dos de ellos o por los tres a la vez.

Para poder saber cómo y con quién quieres compartir tu sexualidad cuando llegue el momento, es importante descubrir qué sientes por ti y por la gente que te rodea.

SI DESEAS UNAS RELACIONES BUENAS Y SANAS CON LOS DEMÁS, ES FUNDAMENTAL QUE TÚ **TE CONOZCAS, TE RESPETES Y TE VALORES.** Y LUEGO DEBES AVERIGUAR QUÉ DESPIERTA LA OTRA PERSONA EN TI.

¿Sientes amistad? ¿Te has enamorado? ¿Te atrae? ¿O quizá crees que puedes tener una relación amorosa con ella?

Antes de construir algo con alguien más…, déjame preguntarte: **¿conoces bien tus emociones y lo que sientes?** Dicen que hay ciertas emociones básicas que debemos tener claras:

¿Las reconoces? Piensa en una **situación** en la que hayas vivido cada una de estas emociones:

Alegría ....

Amor ....

Ira ....

Sorpresa ....

Tristeza ....

Aversión ....

Miedo ....

Vergüenza ....

Y quizá algunas personas te despierten estas sensaciones. **Intenta averiguar quién y por qué**:

Alegría ....

Amor ....

Ira ....

Sorpresa ....

Tristeza ....

Aversión ....

Miedo ....

Vergüenza ....

Y hacia ti, ¿qué sientes? ¿Te caes bien? ¿Qué te gusta más de ti? ¿Y menos?

Ahora me gustaría pedirte algo. Explícame lo maravillose que eres. Si tuvieras que hacer un diploma con tus mejores habilidades y características, ¿qué pondrías?

DIPLOMA DE MEJORES HABILIDADES

Yo, ____________________, de _____ años,

soy superbuen__ en:

-

-

-

-

-

-

-

-

Y lo escribo aquí para que me acuerde de todas aquellas cosas buenas que tengo.

En________, a __ de____________ de 20__

2. TU CUERPO

Ahora que ya sabes qué son la sexualidad, la afectividad y las emociones, que ya sabes cómo se hacen y nacen los bebés y que has reflexionado sobre cómo eres y qué sientes, vamos a seguir este camino de aprendizaje explorando **cómo son el cuerpo y la mente**, así como los cambios que ahora empezarás a vivir o ya estás experimentando.

El cuerpo forma parte de la sexualidad. Por eso vamos a ver cómo es el cuerpo durante la infancia y cómo cambia en la adolescencia.

Antes de empezar, te propongo que dibujes el cuerpo de una persona durante la infancia. Puedes elegir el tipo de genitales que quieras, el tipo de cuerpo que quieras, la piel que quieras, etcétera. Puedes dibujarlo aquí:

Ahora te propongo que imagines que la persona que has dibujado ha crecido y ya tiene dieciséis años.

¿Cómo dibujarías su cuerpo ahora?

Es probable que hayas dibujado una persona blanca, **con dos brazos, dos piernas, unos genitales definidos,** un cuerpo más o menos esbelto, con pelo, dos ojos, etcétera.

Pues, verás, **existen muchos tipos de personas con cuerpos muy distintos**: personas blancas, negras, orientales, con cuerpos delgados, gordos, con mucho pecho, con poco pecho, con dos brazos o que les falte un brazo, con cuatro dedos en una mano, personas que van en silla de ruedas, otras personas que son calvas, etcétera.

Si te fijas, casi en todas partes (como en las series, las películas, los dibujos animados, la publicidad...) las personas que vemos son bastante parecidas: delgadas, blancas, pueden caminar sin dificultades, tienen dos brazos... Y siempre que vemos estos modelos pensamos que la normalidad es esta. Pero la realidad es que las **personas que no encajan en este ideal se sienten poco representadas en el mundo**.

TE PLANTEO UN EJERCICIO

Imagina que tienes que ir en silla de ruedas. ¿Crees que todo tu entorno es accesible para que puedas llegar a todas partes fácilmente? O imagina que tienes una discapacidad visual: ¿Crees que todos los libros, las películas o series y las calles están adaptados para que puedas leer, entender lo que está sucediendo e ir de un sitio a otro sin dificultades?

Posiblemente tu respuesta sea que no. Y es importante saber que **el mundo está pensado para las personas que no tienen ningún tipo de diversidad.**

Te cuento esto porque lo mismo pasa con la sexualidad. Siempre se tiene en mente un cuerpo que cumple las características normativas, y ya sabes que el cuerpo forma parte de la sexualidad. Además, muchas veces se tiene claro cómo es un cuerpo con genitales masculinos, pero no cómo es un cuerpo con genitales femeninos. Por eso, hagamos un repaso.

LOS CAMBIOS EN EL CUERPO

LOS CUERPOS DURANTE LA INFANCIA

Los cuerpos infantiles son más chiquitos que los adultos, cuentan con poco vello corporal, genitales pequeños, el pecho es plano, el cuello es liso y no producen mucho sudor. Los cuerpos masculino, intersex y femenino son muy parecidos. **¿Te has fijado? Hay muy pocas diferencias.** Quizá la parte más distinta son los genitales. Cuando empieza la pubertad, algunas partes cambian, crecen y adquieren nuevas funciones...

Entonces ¿qué diferencias hay entre los tres tipos de cuerpo durante la infancia? Pues físicamente ya ves que no mucha. Lo que sucede es que nos han educado para que hagamos cosas diferentes en función de si nos dicen que somos niñas o niños. **Es la expresión de género.**

¿TE ACUERDAS DE QUE TE HABLÉ DE ESTE TEMA EN EL CAPÍTULO 1?

En la infancia, aprendemos que el rosa es el exclusivamente «de niñas». Pero los colores no tienen género, son colores. El género se lo ha puesto la sociedad. Lo mismo pasa con el pelo largo o corto, con las faldas o los pantalones, con el tipo de juguetes... Pero un niño puede querer jugar con una muñeca o pintarse las uñas y que una niña quiera vestirse con pantalones o jugar al fútbol. Sin embargo, ¿te das cuenta de que casi todo está «fabricado» para niñas o para niños, sin tener en cuenta que hay personas que no encajan en estas dos categorías?

ES IMPORTANTE DEJAR QUE CADA PERSONA PUEDA EXPRESARSE COMO MÁS LE GUSTE, INDEPENDIENTEMENTE DE SI UNA COSA SE HA ETIQUETADO COMO FEMENINA O MASCULINA.

LOS CUERPOS DURANTE LA ADOLESCENCIA

¡Empiezan los cambios! Cuando llegan la pubertad y la adolescencia, los cuerpos crecen, aparece el vello corporal, los genitales se hacen más grandes, el pecho puede abultarse, puede aparecer la nuez del cuello y las hormonas sexuales hacen que, por ejemplo, aparezca el sudor. Los cuerpos masculinos, intersex y femeninos empiezan a diferenciarse más.

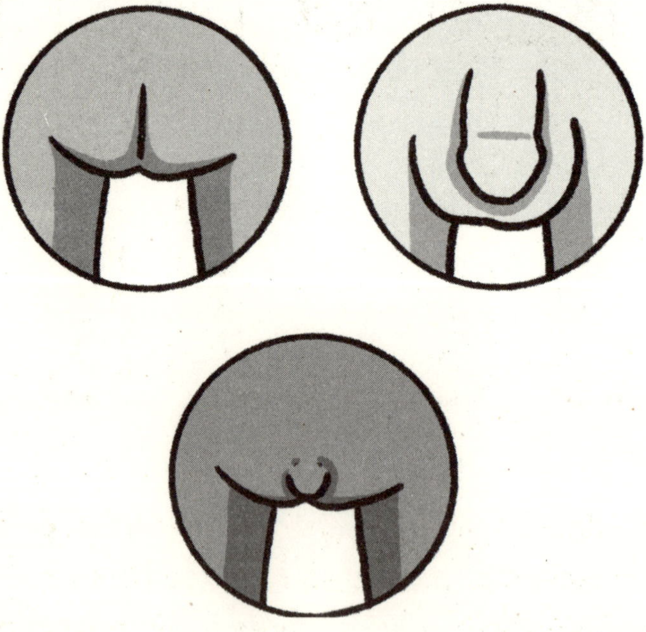

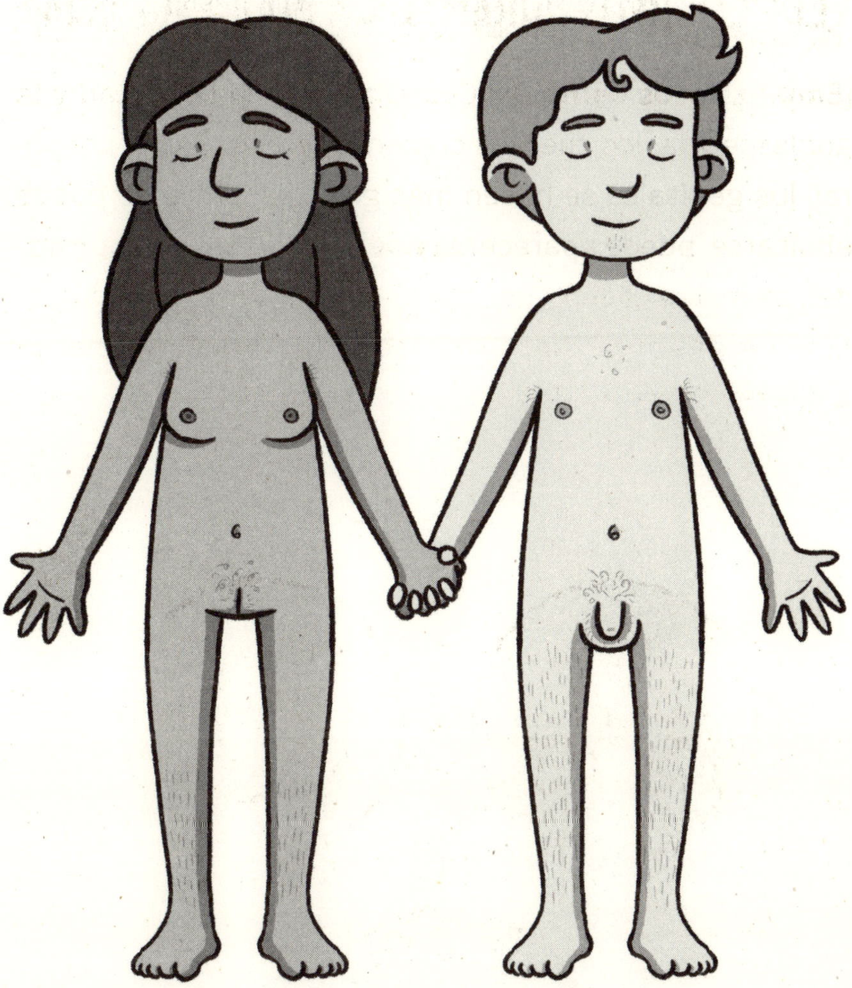

Primero, vamos a ver en qué se diferencian la **pubertad** y la **adolescencia**, porque son dos nombres que quizá puedan confundirte, y luego haremos un repaso por los principales cambios corporales durante la pubertad.

¿QUÉ ES LA PUBERTAD?

La pubertad es el proceso de cambios físicos corporales en el que **el cuerpo infantil empieza a convertirse en el cuerpo de una persona adulta**. Una de las características principales es que **el cuerpo se prepara para ser fértil y poder reproducirse**. Estos cambios físicos primero empiezan muy lentamente y de manera poco visible, pero más adelante estos cambios se vuelven más evidentes..

La respuesta no es exacta, pero en las personas que tienen más características femeninas la pubertad se inicia entre los ocho y los trece años aproximadamente, y entre las personas con más características masculinas se inicia entre los nueve y los catorce años.

¿QUÉ ES LA ADOLESCENCIA?

La adolescencia se inicia durante el mismo periodo que la pubertad, pero esta vez **los cambios no son físicos, sino mentales, psicológicos y emocionales**. Aquello que piensa un niño con seis años no es lo mismo que pensará cuando tenga quince, ¿verdad? Del mismo modo que lo que hace una niña con ocho años no es lo mismo que lo que hará con dieciséis.

En definitiva...

LO QUE PENSAMOS, SENTIMOS Y HACEMOS CAMBIA DE MANERA MÁS EVIDENTE CUANDO EMPIEZA LA PUBERTAD. Y ESTOS CAMBIOS ESTÁN INFLUIDOS POR EL ENTORNO FAMILIAR, POR LA CULTURA Y POR LA ZONA GEOGRÁFICA DONDE VIVIMOS.

EN LOS CUERPOS BIOLÓGICAMENTE MÁS FEMENINOS:

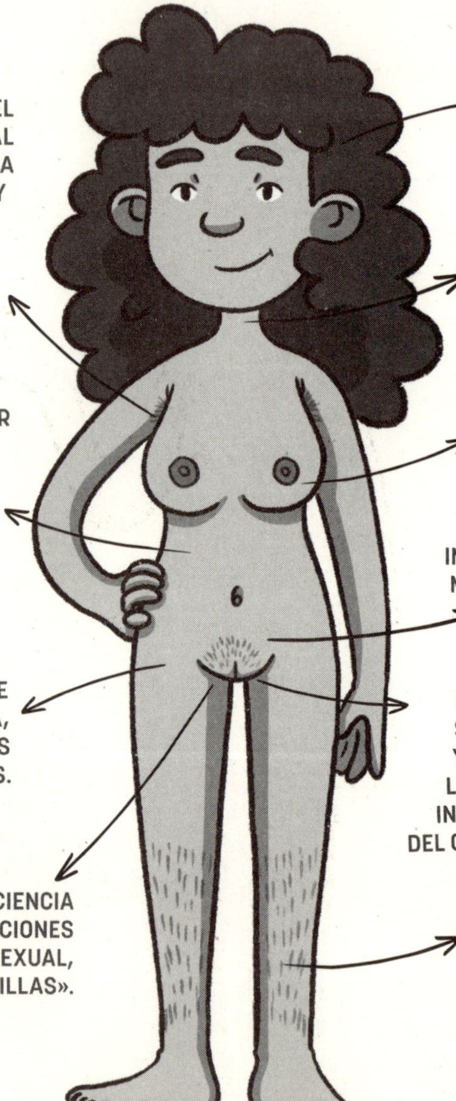

EN LOS CUERPOS BIOLÓGICAMENTE MÁS MASCULINOS:

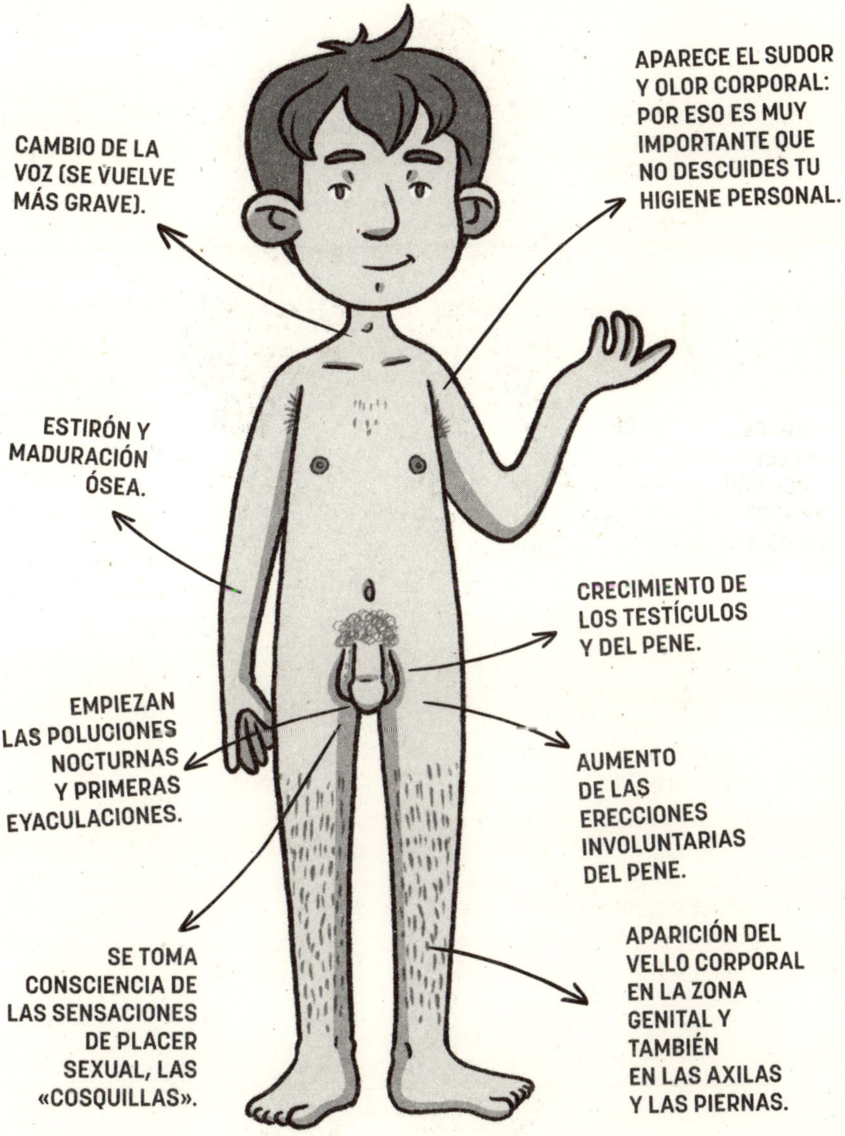

De todos estos cambios, hay dos que te quiero explicar un poco más: la **menstruación** y las **eyaculaciones**.

LA MENSTRUACIÓN

La menstruación, o regla, **aparece en la pubertad y marca el momento en que una chica cisgénero o una persona con genitales femeninos empieza a ser fértil.** Eso significa que puede quedarse embarazada si tiene relaciones sexuales con penetración con una persona que tenga pene.

OTRA VEZ LA PALABRA «CISGÉNERO»... ¿SABES YA QUÉ ES? SI AÚN NO LO HAS APRENDIDO, ¡VUELVE AL CAPÍTULO 1 PARA AVERIGUARLO!

1 ¿CUÁNDO VIENE LA REGLA POR PRIMERA VEZ? No es una predicción exacta, pero suele aparecer entre los nueve y los dieciséis años, durante la pubertad.

2 LA PRIMERA REGLA TIENE NOMBRE: SE LA LLAMA «MENARQUÍA».

3

CUANDO SE INICIA LA MENSTRUACIÓN, SE PONE EN MARCHA SU CICLICIDAD, o sea, que la regla le va a venir de manera cíclica, cada cierto tiempo, aproximadamente una vez al mes.

4

EL SANGRADO DE LA REGLA suele durar entre tres y siete días, por eso es importante saber qué métodos hay para recoger la regla. ¡Te hablo de ellos más adelante!

5

LA ÚLTIMA REGLA TAMBIÉN TIENE NOMBRE: SE LLAMA «MENOPAUSIA».

6 ¿CUÁNDO SE DEJA DE TENER LA MENSTRUACIÓN?

Tampoco es una predicción exacta, pero puede suceder entre los 40 y los 55 años. El periodo que te lleva a dejar de tener la regla se llama **CLIMATERIO**.

¿CÓMO FUNCIONA EL CICLO MENSTRUAL?

Hay un gran protagonista del ciclo menstrual: **el óvulo**.

En cada ciclo, un óvulo sale del interior de los ovarios y según si este óvulo es fecundado o no pasarán unas cosas u otras.

CUANDO NO HAY FECUNDACIÓN

En este caso, el ciclo tiene cuatro fases:

1 **PREOVULATORIA:** el óvulo madura y se prepara para salir del ovario.

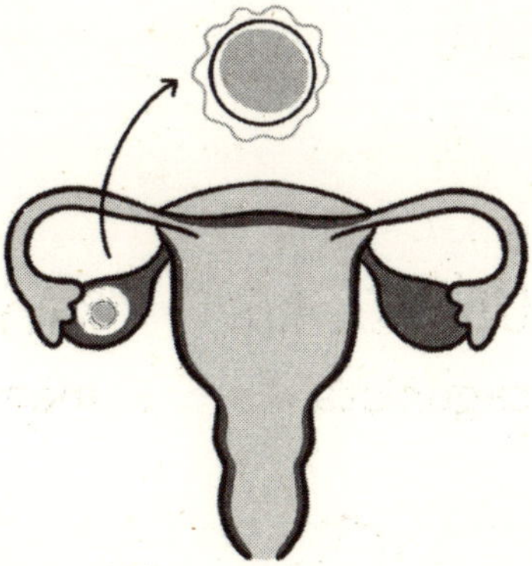

2 **OVULATORIA:** el óvulo maduro sale del ovario y se pasea por la trompa, a ver si llega un espermatozoide. Si no llega o no hay fecundación, el óvulo se desintegra, muere.

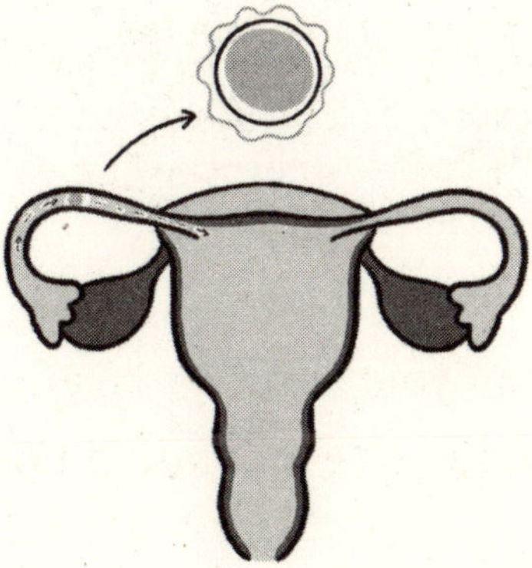

3 PREMENSTRUAL: como el óvulo no ha sido fecundado, el endometrio (que es una capa que cubre el útero y que se crea en cada ciclo para acoger el óvulo fecundado) empieza a deshacerse porque no tiene utilidad.

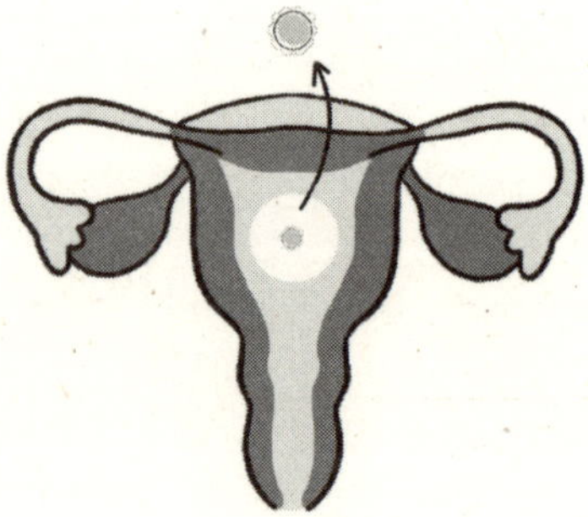

4 MENSTRUAL: en esta fase, el endometrio es expulsado y sale por la vagina en forma de sangre menstrual. Por lo tanto, la regla es la expulsión del endometrio. Y dura entre tres y siete días.

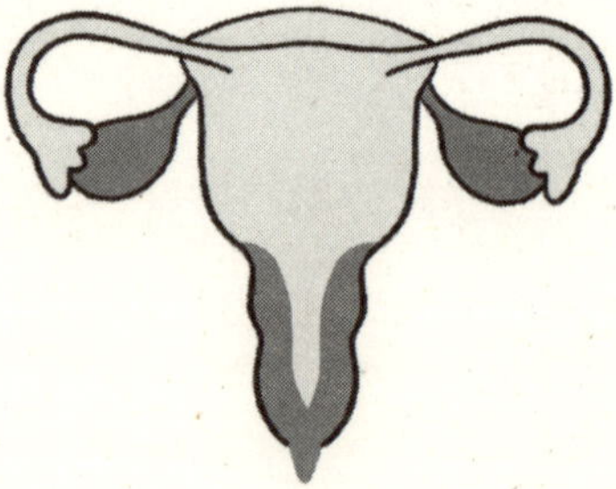

CUANDO HAY FECUNDACIÓN

En este caso, se dan los dos primeros ciclos que antes hemos dicho: la **preovulatoria** y la **ovulatoria**, pero luego, cuando el óvulo se encuentra con un espermatozoide, este entra en su interior y empieza la fecundación. Hay que tener en cuenta que:

EL ÓVULO FECUNDADO SE ENGANCHA EN EL ENDOMETRIO (¿te acuerdas?, esa capa que cubre el útero) y allí el óvulo fecundado va creciendo tal y como te he contado en el proceso natural de fecundación.

SI HAY EMBARAZO, no hay sangrado menstrual porque el endometrio no es expulsado.

¡RECUERDA QUE EN EL CAPÍTULO 2 TE CUENTO, PASO A PASO, EL PROCESO NATURAL DE FECUNDACIÓN!

Y... ¿QUÉ HAGO CON EL SANGRADO MENSTRUAL?

Hay diversas maneras de recoger el sangrado menstrual. Te resumo las opciones más conocidas.

MÉTODOS DE UN SOLO USO

COMPRESAS Y SALVASLIPS:

Son fáciles de usar, pero poco ecológicos, salen bastante caros y suelen tener más riesgo de provocar molestias en la vulva y la vagina. Además, la regla se oxida en ellas y genera un olor fuerte.

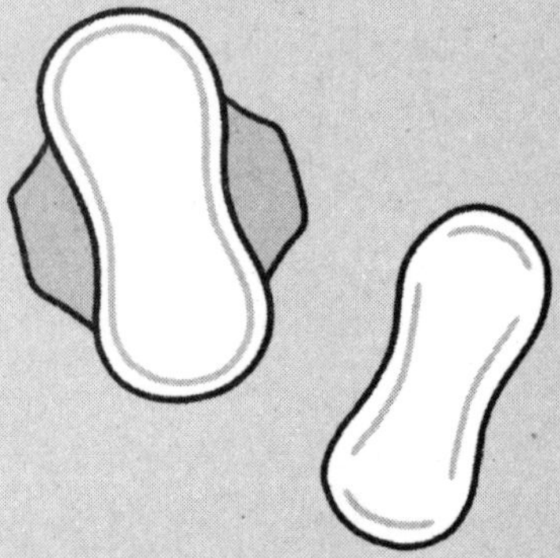

TAMPONES: Se introducen en la vagina y absorben la sangre menstrual. Son fáciles de usar (aunque hay quien necesita aprender a colocarlos bien), pero también son poco ecológicos. Al ser de un solo uso se tienen que ir comprando y salen bastante caros. La sangre también se oxida en un tampón y eso genera un fuerte olor. Tienen riesgo para la salud ya que están fabricados con materiales que pueden provocar molestias vaginales y alteran la flora de la vagina. Es importante saber que un tampón no se puede usar más de ocho horas porque puede provocar el **síndrome del shock tóxico,** una enfermedad que puede tener consecuencias peligrosas.

MÉTODOS REUTILIZABLES

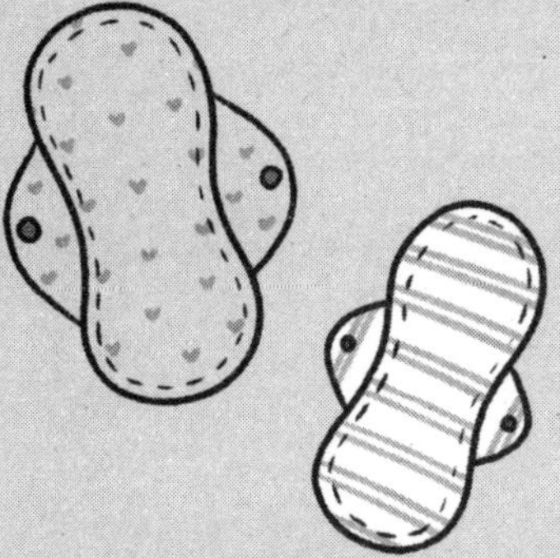

COMPRESAS Y SALVASLIPS DE TELA:

Son fáciles de usar, ecológicos y más económicos. Eso sí..., ¡hay que lavarlos para volverlos a usar!

BRAGUITAS MENSTRUALES:

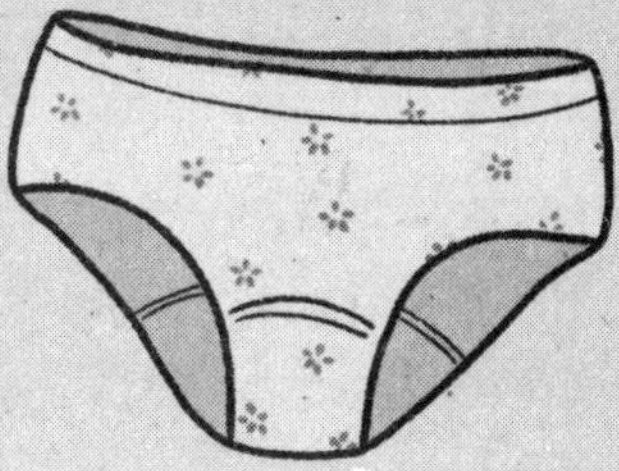

Son fáciles de usar, son productos ecológicos y más económicos. Y, aparte de que se tienen que lavar para volverlas a usar, cada vez que necesites cambiarlas te tienes que quitar los pantalones, mallas y/o medias.

¿SABES QUE TAMBIÉN EXISTEN BAÑADORES Y BRAGUITAS DE BAÑO QUE RECOGEN LA MENSTRUACIÓN?

COPA O DISCO MENSTRUAL:

Se introduce dentro de la vagina y recoge la sangre. Cuando está llena, se quita con cuidado, la limpias y la puedes volver a introducir. Es ecológica y muy económica, y permite apreciar la menstruacion tal cual es, sin oxidación. Sin embargo, hay que aprender a usarlas porque, al principio, cuesta un poquito.

También existe el **sangrado libre**. Consiste en saber cuándo está bajando el sangrado, cómo abrir y cerrar el cuello del útero (lo que separa el útero de la vagina) para depositar la regla en el baño. Es el método más ecológico, económico y que da más conocimiento del propio cuerpo. Pero requiere mucho entrenamiento y aprendizaje y quizá no es el método más recomendado cuando tienes que hacer actividad física.

LAS EYACULACIONES Y EL SEMEN

¿Sabes lo que es una eyaculación? Las eyaculaciones son expulsiones de semen que salen del pene, y el semen es la suma de dos cosas: un montón de espermatozoides que salen juntos y un líquido en el que se mezclan.

Aparecen en la pubertad y marcan el momento en el que un **chico cisgénero o una persona con genitales masculinos empieza a ser fértil**. Eso significa que puede dejar embarazada a una persona que tiene vulva si tienen relaciones sexuales con penetración.

OTRA VEZ LA PALABRA «CISGÉNERO»... ¿SABES YA QUÉ ES? SI AÚN NO LO HAS APRENDIDO, ¡VUELVE AL CAPÍTULO 1 PARA AVERIGUARLO!

POLUCIONES O EYACULACIONES NOCTURNAS

Quizá ya hayas visto que durante la noche un pene puede tener varias erecciones. Eso es supernatural. **Una polución nocturna se da cuando una de estas erecciones lleva a una eyaculación involuntaria.** A veces puede ser sencillamente como un acto reflejo del cuerpo y otras veces es porque se está teniendo un sueño erótico o sexual.

Hay quien sí las tiene y hay quien no. Normalmente se suelen dar más durante la adolescencia, pero a las personas adultas también les puede pasar. Aunque también es posible que alguien no tenga nunca ninguna.

¿EXISTEN MÉTODOS DE RECOGIDA DEL SEMEN DE LAS EYACULACIONES?

Pues la verdad es que no. Como las eyaculaciones se dan, en general, de manera voluntaria durante la masturbación o en las relaciones sexuales compartidas, solamente hay que tener en cuenta que el **semen puede manchar un poco** y habrá que limpiarlo. Como también hay eyaculaciones involuntarias que se suelen dar durante la noche, quizá se pueda manchar el pijama y las sábanas. Se lo puedes explicar a tus madres, padres o personas adultas con las que convives. Tocará poner una lavadora...

Te cuento algunas cosas que hay que saber sobre las eyaculaciones y el semen:

1 **¿CUÁNDO APARECEN EL SEMEN Y LAS EYACULACIONES POR PRIMERA VEZ?**

No es una predicción exacta, pero suelen aparecer entre los once y los catorce años, durante la pubertad.

2 **LA PRIMERA EYACULACIÓN TIENE NOMBRE, SE LLAMA: ESPERMARQUIA.**

3 **CUANDO LEÍAS SOBRE LA MENSTRUACIÓN HAS VISTO QUE ES ALGO CÍCLICO. LAS EYACULACIONES NO.** Una eyaculación puede aparecer de manera voluntaria (cuando se hacen cosquillas en el pene, o sea, durante la masturbación —te hablaré de ella más adelante— o cuando se tienen relaciones sexuales compartidas) o de manera involuntaria durante la noche, y entonces llamamos a esa eyaculación polución nocturna (¡dentro de nada te cuento más!).

4

¿SABES QUÉ SUELE PASAR ANTES DE EYACULAR? Que el pene se pone erecto. Eso significa que por el interior del pene circula más sangre y el pene se levanta. Hay dos tipos de erecciones: las que se dan de manera automática y las que se dan porque sientes **excitación sexual.**

TE CUENTO LO QUE ES LA EXCITACIÓN SEXUAL EN EL APARTADO «EL CUERPO Y LAS COSQUILLAS», DE ESTE CAPÍTULO, UN POCO MÁS ADELANTE.

5

¿SABES CUÁNDO SE DEJA DE EYACULAR? NUNCA. Un chico empieza a tener eyaculaciones, puede durante el resto de su vida, por lo tanto, siempre puede ser fértil. Aunque cuanto más mayor la fertilidad va disminuyendo. Como si los espermatozoides perdieran fuerza.

¿TODOS LOS CUERPOS SON IGUALES?

Si te fijas, cuando he hablado de los cambios, me refería a cuerpos biológicamente más femeninos o más masculinos. Te lo he explicado así, pero hay cuerpos intersexuales que pueden tener características biológicas muy mezcladas. Hay cambios que pueden considerarse generales, pero se producen de distinta manera en cada persona. **Es decir, seguro que experimentarás cambios, pero en ti se manifestarán de manera única.**

Así pues, **no todos los cuerpos son iguales, sino que existe mucha diversidad**, pese a que casi siempre (en las pelis, series, TikTok, Instagram y tantos otros sitios) se nos muestra a personas que tienen una constitución parecida.

Te habrás dado cuenta de que en general hay características que gustan más y otras que gustan menos. Y esto en parte es así porque se ha construido un modelo al que muchas personas quieren parecerse. A estos modelos les llamamos **cuerpos normativos**, que serían más o menos así:

Pero, en realidad, **los cuerpos son muy distintos y fantásticos.** Muy poca gente encaja en el modelo que representa el cuerpo normativo. Y si hay alguna cosa en ti que se aleje mucho de ese ideal, puede ser que te haga sentir diferente. Pero no olvides lo siguiente:

TODAS LAS PERSONAS SOMOS DIFERENTES
Y TODOS LOS CUERPOS SON VÁLIDOS, MARAVILLOSOS
Y, SOBRE TODO..., ¡NOS PERMITEN VIVIR!

EL CUERPO Y LAS COSQUILLAS

Me he guardado una parte importante de los cambios que se producen en la pubertad y la adolescencia para el final de este capítulo.

Imagino que has descubierto que **algunas partes de tu cuerpo te regalan sensaciones más placenteras que otras**. Y quizá has notado que los genitales son una parte del cuerpo que da muchísimo «gustirrinín» o cosquillas un poco especiales, ¿verdad?

Durante la pubertad y la adolescencia somos más conscientes de estas sensaciones de placer y vemos que están vinculadas a nuestra sexualidad, por eso las llamamos **placer sexual** o cosquillas sexuales.

¡Ojo! Cualquier parte del cuerpo te puede dar sensaciones placenteras en función de si las tocas de una manera u otra. **El placer también suele ser mucho mayor si sientes que tu cerebro se conecta con tu sexualidad, es decir, se excita.**

La excitación es cuando sientes una gran emoción y te llenas de energía y alegría por algo. Es como cuando notas mariposas en el estómago porque algo emocionante va a ocurrir.

Y hay un tipo de excitación que tiene que ver con la sexualidad, la **excitación sexual**. Es una sensación que puedes tener **cuando sientes atracción hacia una persona de una manera especial y quieres pasar mucho tiempo con ella porque te gusta**.

También podemos hablar de excitación sexual cuando te pica la curiosidad tu propio cuerpo o cuando te atrae el cuerpo de otras personas, y cuando estas situaciones te provocan sensaciones de placer.

Cuando sientes esta excitación, si te tocas el cuerpo, la sensación será muy placentera. Y si en ese momento te tocas los genitales, **las cosquillas pueden ser tan fuertes que puedes notar como una pequeña explosión de placer acumulado**. A esa explosión se le llama **orgasmo** y es maravilloso.

Cuando alguien acaricia y toca sus genitales para encontrar estas sensaciones de placer podemos decir que se está masturbando.

¿Alguien te ha hablado alguna vez de la **masturbación**? Es un tema sobre el que, a menudo, da un poco de vergüenza hablar, sobre todo a las personas mayores. **Pero es supernatural y fantástico.**

¡ATENCIÓN!

Quiero destacar tres puntos muy importantes:

1

TÚ Y NADIE MÁS QUE TÚ DEBE DECIDIR SI QUIERES ACARICIARTE EL CUERPO buscando estas sensaciones y cuándo. Normalmente son caricias que cada persona hace en la intimidad.

2

Si en algún momento quieres compartir estas caricias con otra persona, **ES MUY IMPORTANTE QUE TÚ LO DESEES Y QUE LA OTRA PERSONA TAMBIÉN LO DESEE.**

3

LAS CARICIAS COMPARTIDAS SUELEN HACERSE ENTRE PERSONAS DE LA MISMA EDAD. Si una persona adulta (o adolescente pero bastante mayor que tú) quiere tocarte, eso no es una situación de cosquillas, sino que puede ser una situación de abuso. Si te ha pasado alguna vez, es importante que se lo cuentes a alguna persona adulta de confianza.

HISTORIA DE COSQUILLAS

Con cinco años, Ana empezó a explorar todo su cuerpo. Ya hace mucho tiempo que descubrió que con sus manos podía agarrar objetos y ahora, poco a poco, está aprendiendo a escribir. Ya sabe poner su nombre y, letra a letra, escribe sus primeras palabras.

Cuando era muy pequeña aprendió que con sus piernas podía caminar y, aunque al principio se caía a menudo, al final aprendió incluso a correr.

Al cabo de un tiempo, mientras estaba en el sofá, descubrió que entre sus piernas había una parte de su cuerpo que le regalaba unas cosquillas muy divertidas.

Mamá, son unas cosquillas distintas de las que me haces tú aquí al lado del cuerpo, cuando jugamos.

Sí, Ana, estas cosquillas más divertidas se llaman placer.

¡Pues a mí me encantan estas cosquillas de placer!

Sí, Ana, son muy placenteras y agradables.

Y Ana siguió jugando a las cosquillas de placer de vez en cuando.

3. TU MENTE

La mente es una gran protagonista de la sexualidad. Por eso vamos a ver cómo funciona durante la infancia y cómo cambia en la adolescencia. Pero, antes..., ¿sabes qué diferencias hay entre el cerebro y la mente?

El CEREBRO es un órgano palpable, tiene su propia textura, su color y está compuesto por distintas estructuras. Aparte de eso, también está lleno de pensamientos, conexiones y zonas con funciones muy importantes.

Esos pensamientos, la actividad mental y el funcionamiento de cada parte configuran la MENTE, que no es algo físico y palpable, sino que es abstracto, invisible.

Tu cuerpo es como una máquina superinteligente que te ayuda a hacer todo lo que haces, como jugar, aprender y pensar. Pues bien, el cerebro es como el «jefe» de esa máquina. Está en tu cabeza, protegido por el cráneo, y es como un ordenador superpoderoso.

El cerebro es lo que **te ayuda a pensar, a recordar cosas y a sentir las emociones**. También es el que tiene el control sobre todas las partes de tu cuerpo. Si quieres mover un brazo o sacar la lengua, es el cerebro el que envía la orden.

HABLAMOS DE LAS EMOCIONES EN EL CAPÍTULO 1, ¿TE ACUERDAS?

Además, el cerebro también es el responsable de **aprender**. Va guardando toda la información nueva que extraes de las lecturas, de los juegos o en clase. Por lo tanto, el cerebro es muy importante y hay que cuidarlo y alimentarlo bien con aprendizajes.

El cerebro está lleno de pensamientos e intereses. Y lo que le interesa a una persona con cinco años no es lo mismo que lo que le interesará a los quince, ¿verdad?

TE PROPONGO UN JUEGO

Vamos a imaginar el cerebro de alguien que tiene cinco años. ¿En qué crees que piensa? Anótalo en el cerebro:

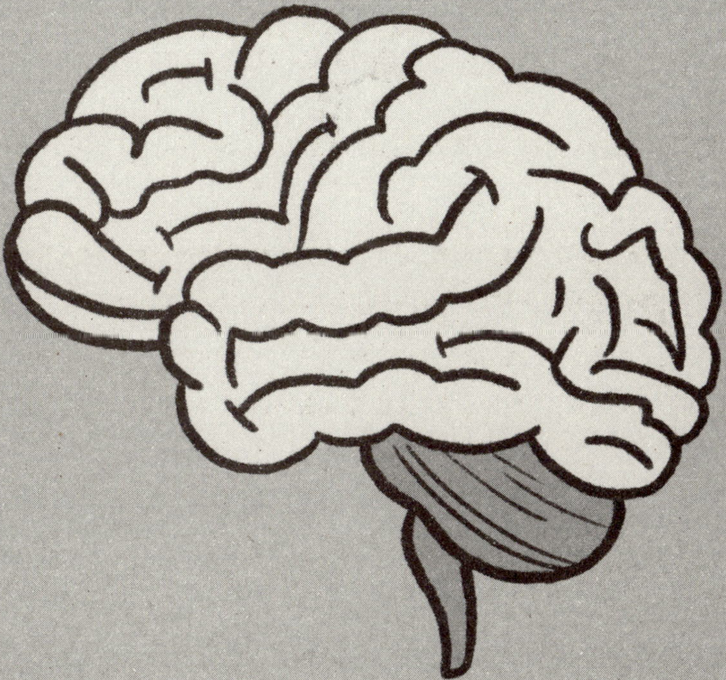

Ahora te propongo que imagines lo que piensa una persona que tiene quince años:

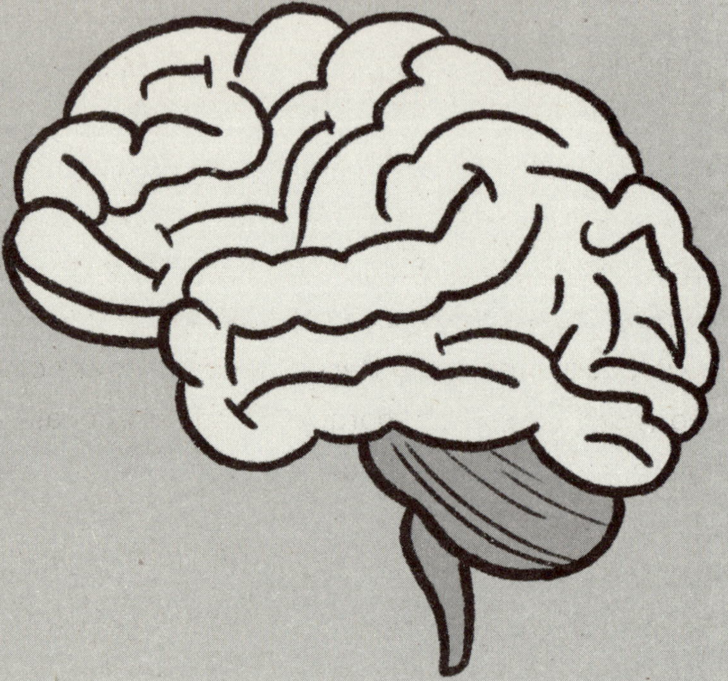

Seguramente habrás escrito cosas distintas en el cerebro infantil y en el adolescente, ¿verdad? A medida que nos vamos haciendo mayores vamos cambiando lo que sentimos y pensamos.

Por eso, vamos ahora a ver cómo es la mente y cómo cambia en cada una de estas etapas. A ver si coincide con lo que tú has escrito.

LOS CAMBIOS EN LA MENTE

LA MENTE DURANTE LA INFANCIA

Durante la infancia, el cerebro va creciendo y la mente se va desarrollando más y más. Al principio, cuando naces, la mente tiene un conocimiento muy básico: aquel que te permite sobrevivir. Pero, a medida que te vas haciendo mayor, **cada vez aprendes más cosas**, y ese conocimiento ocupa un espacio porque lo podemos localizar en el cerebro, pero ese espacio es ilimitado.

Este aprendizaje es multisensorial. Eso significa que proviene de todos tus sentidos: la vista, el olfato, el tacto, el gusto y el oído. Todos tus sentidos se activan para alimentar tu mente y tu cerebro.

Durante la infancia, tu cerebro aprende a dar la orden de dar tus primeros pasitos, controlar el momento de ir al baño, leer, escribir, tener nuevas amistades, divertirte con ellas y, también, a resolver los problemas que puedas ir viviendo. A medida que empiezas a conocer a más personas, tu mente también va aprendiendo cómo relacionarse con ellas y cómo mostrar emociones.

El cerebro aprende a medida que va haciendo las cosas y va acertando, **pero también aprende de los errores. El cerebro nunca deja de aprender**.

TODOS LOS APRENDIZAJES QUE VAS ADQUIRIENDO TE VAN AYUDANDO A SER QUIEN ERES.

Si entramos en la parte sexual y afectiva, la infancia es un momento de gran curiosidad: de aprender cómo funciona el propio cuerpo, el de las otras personas, de querer saber cómo se hacen los bebés, de descubrir las primeras sensaciones de placer... ¡Durante la infancia alimentamos el cerebro con mucha información, y es fantástico!

LA MENTE DURANTE LA ADOLESCENCIA

«La adolescencia sería como una metamorfosis durante la cual también se producen intensas e interesantes reorganizaciones neuronales, además de cambios físicos evidentes».

DAVID BUENO

Durante la adolescencia seguimos alimentando nuestra mente y nuestro cerebro. En esta etapa, el cerebro aprende a funcionar más rápidamente y a pensar cosas que antes no podía concebir.

Es un gran momento porque en la mente pasan muchas cosas nuevas y hay ciertas substancias en el cerebro implicadas cuyos poderes especiales te explico a continuación:

1. **LA DOPAMINA:** facilita que se empiecen a tomar decisiones y a aprender pautas.

2. **LA OXITOCINA:** hace que sean muy importantes las relaciones sociales y pertenecer a un grupo de iguales.

3. **LA SEROTONINA:** en la adolescencia se desregula y esto hace que haya cambios de humor habituales. Cuando hay mucha serotonina se genera bienestar, pero cuando es baja se despiertan emociones como la soledad.

En esta etapa, el cerebro se va construyendo para permitir que la persona adolescente se sienta libre, autónoma y competente. Y, para ello, va ganando responsabilidades de manera gradual, a medida que va aprendiendo.

También es una etapa en la que hay mucho interés en la sexualidad desde el placer y el descubrimiento individual, pero también compartido. Es el momento en el que se produce como una explosión de hormonas que favorece empezar la etapa fértil, y eso conlleva que también se despierten el deseo y la excitación, de los que hemos hablado anteriormente.

¿TODAS LAS MENTES SON IGUALES?

Hay ciertas capacidades cerebrales que se van ganando, más o menos, a una cierta edad. Por ejemplo, las conexiones cerebrales son mucho más veloces en la adolescencia que en la infancia. Y, a pesar de que eso es algo que nos pasa a todos, **no todas las mentes se desarrollan igual**. Depende de muchos factores. Por ejemplo: no es lo mismo que te enseñen a ser un niño o que te enseñen a ser una niña, ¿lo sabías?

Pues sí, en nuestra sociedad (que es muy **machista**) se educa distinto a un niño que a una niña. A un niño se le enseña a ser valiente; en cambio, a una niña, a jugar con muñecos que representen bebés. Seguro que a tu alrededor sigue pasando, ¿verdad? Pues el cerebro de uno se desarrolla distinto al de la otra precisamente por esta y muchas otras cosas. Es lo que llamamos la **socialización de género**.

«MACHISTA» SIGNIFICA QUE CREE QUE LOS HOMBRES SON MÁS CAPACES Y MEJORES QUE LAS MUJERES.

Tampoco es lo mismo haber nacido en un país que en otro, porque en todos los territorios se tienen costumbres particulares y eso hace que un grupo de personas desarrolle una manera de pensar distinta a la de otra comunidad.

Incluso dentro de un mismo territorio, es diferente crecer en una familia que tiene mucho dinero que en otra que sufre necesidades económicas, porque sus mundos serán tan dispares que el pensamiento también se construirá de manera distinta.

¿Se te ocurren situaciones que hagan que nuestro pensamiento se desarrolle de manera diferente? Aprovecha el siguiente espacio para reflexionar:

Quizá hayas pensado en diferencias como:

- SER UNA PERSONA BLANCA O SER RACIALIZADA.
- SER UNA PERSONA SORDA U OYENTE.
- SER UNA PERSONA CIEGA O VIDENTE.
- SER HOMOSEXUAL O HETEROSEXUAL.
- SER CISGÉNERO O TRANS.
- SER UNA PERSONA MÁS GORDA O MÁS FLACA.
- CRECER EN UNA FAMILIA MUY O POCO CARIÑOSA.

Hay un montón de vivencias o situaciones que hacen que nuestra mente se construya de una manera concreta y muy distinta a otras. Por lo tanto, **tenemos una gran diversidad de personas, y la diversidad es maravillosa**, ¿no te parece?

LA MENTE Y LAS COSQUILLAS

Cuando pienso en el tipo de cosquillas que le podemos hacer a nuestra mente, me vienen a la cabeza dos tipos:

LAS QUE ENRIQUECEN MI INTELIGENCIA.

LAS QUE ENRIQUECEN MI SEXUALIDAD.

LAS COSQUILLAS QUE ENRIQUECEN MI INTELIGENCIA

Te voy a proponer diez cosas que puedes hacer para que tu mente se enriquezca y, además, cuides tu **inteligencia**.

PST... EEEEH... RECUERDA QUE LO QUE TE PROPONGA LO PUEDES IR HACIENDO DESDE YA, ¡Y ASÍ SIEMPRE ESTARÁS ALIMENTANDO TU MENTE!

1 IR A LA ESCUELA Y APRENDER MUCHO ALLÍ

Lo que te enseñan maestres y profesores te ayudará a adquirir un montón de conocimientos para tener una buena base y seguir formándote luego en el instituto, la universidad o en los estudios que elijas. También adquirirás habilidades tanto para tu carrera profesional como para tu propio disfrute, y así poder vivir mejor.

2 LEER LIBROS QUE TE APASIONEN

Puedes leer libros o revistas. Todo te va a dar la oportunidad de aprender más y seguir enriqueciendo tu mente. Cuando lees adquieres conocimientos nuevos que te ayudan a tomar decisiones, a ampliar tu conocimiento, a tener nuevos puntos de vista.

3 APRENDER NUEVAS HABILIDADES

Las extraescolares son una oportunidad para adquirir habilidades físicas o técnicas. Si te apuntas a algún deporte, a música, a artes plásticas, a poesía o a lo que sea que te apetezca, todo esto te va a enseñar cosas nuevas. Y eso implica salud emocional y mental.

4 HACER EJERCICIO FÍSICO

Practicar algún deporte te puede ayudar a gestionar mejor tus emociones, el estrés, a dar buena movilidad a tu cuerpo, y todo eso enriquece tu mente.

5 DESCUBRIR NUEVOS LUGARES Y CULTURAS

Y eso lo puedes hacer viajando lejos pero también muy cerquita. Y, si no puedes desplazarte, la lectura y los reportajes te pueden enseñar mucho sobre otros sitios y otros grupos de personas.

6 CULTIVAR LA TRANQUILIDAD, LA CONCENTRACIÓN Y LA CLARIDAD MENTAL

¿Has oído hablar de la meditación, el *mindfulness* o la relajación? Son prácticas que te ayudan a conocer tus emociones, a pensar con claridad y a tener más tranquilidad para vivir mejor tu vida.

7 CUIDAR LAS RELACIONES CON LAS DEMÁS PERSONAS

Tener un círculo de amistades y familiares con quienes puedas hablar, jugar, leer, mirar pelis y hacer muchas otras actividades es muy enriquecedor porque te enseña a compartir tu mundo. Y los otros pueden tener puntos de vista distintos del mundo que nos ayudan a adquirir nuevas maneras de ver el nuestro.

8 RESOLVER LOS CONFLICTOS

A veces ocurren cosas que nos preocupan o nos crean problemas. Aprender a solucionar lo que nos sucede es importante y nos enriquece. Quizá habrá momentos en los que deberemos pedir ayuda, pero, poco a poco, iremos aprendiendo a hacerlo por nuestra cuenta,y ¡saber resolver problemas es de gran ayuda en la vida!

9 TRABAJAR LA EMPATÍA

La empatía es la capacidad que te ayuda a comprender a las demás personas. Y si tienes esa capacidad vas a poder entender mejor el mundo, otras maneras de pensar y, además, te ayudará a resolver los problemas que puedan ir surgiendo en tu día a día. La empatía ayuda a tener relaciones sanas.

10 PARTICIPAR EN ACTIVIDADES CULTURALES

La cultura enriquece muchísimo nuestra mente. Siempre que puedas, ve a conciertos, al teatro, a exposiciones. ¡Todo ello es alimento extra para tu cerebro!

¿Qué te parece la lista de cosas que te he propuesto? No está mal, ¿verdad? Algunas te resultarán más sencillas y otras más complicadas, algunas te gustarán más que otras; pero, si puedes hacer un poco de cada, tu cerebro y tu mente estarán más contentos que unas castañuelas.

LAS COSQUILLAS QUE ENRIQUECEN MI SEXUALIDAD

Quizá estés pensando que las cosquillas que enriquecen la sexualidad son aquellas que tienen que ver con el cuerpo (te he hablado de ellas en el capítulo anterior) y que despiertan las sensaciones de placer sexual. Pero como te he dicho en el capítulo 3, hay pensamientos y conocimientos que pueden hacer que ese placer sea mucho mayor. Y no solamente estoy hablando de la excitación.

Enriquecer la mente erótica implica profundizar y ampliar tu vida sexual al explorar tus deseos, fantasías y emociones sexuales de manera saludable y consensuada. Aquí te dejo seis consejos para que sepas cómo puedes alimentar aquella parte que tiene que ver con la sexualidad y que está en tu mente:

1 **LAS COSQUILLAS QUE ENRIQUECEN LA MENTE**
Todas aquellas cosquillas que enriquezcan tu inteligencia también te ayudarán a enriquecer tu sexualidad.

② **AUTOCONOCIMIENTO**

Saber cómo eres, qué te gusta y qué no, qué cosas te enfadan, te alegran, te entristecen, te dan miedo… Todo esto te ayuda a saber quién eres y eso también es importante para enriquecer tu sexualidad.

③ **AUTOCONOCIMIENTO SEXUAL**

Conocer tu cuerpo y tus genitales, de qué partes se compone, qué sensaciones se despiertan en cada cachito de piel, cuáles te gustan más y cuáles menos, todo esto va a ayudar a que tu sexualidad sea mejor.

④ **LEER SOBRE SEXUALIDAD**

Si estás leyendo este libro ya estás aprendiendo un montón de cosas sobre sexualidad, pero que no sea el único. Te animo a que busques más, a que preguntes en casa o en la escuela cuáles son los mejores libros para ti, los más adecuados según tu edad, para que puedas comprender bien todo lo que cuentan.

5 PREGUNTAR O CONVERSAR

Hay mucha información sobre sexualidad y eso puede hacer que tengas dudas o preguntas. Habla con tu familia o maestres sobre las cosas que no entiendas o las que te interesen.

6 CRIBA LA INFORMACIÓN BUENA DE LA QUE NO LO ES TANTO

Hay mucha gente explicando cosas sobre sexualidad (desde tus compañeres de colegio pasando por tu familia, hasta tiktokers o instagramers); sin embargo, no todo el mundo tiene buena información sobre sexualidad. ¡Ten cuidado de que no te cuelen alguna mentira!

Enriquecer tu conocimiento sobre sexualidad es algo que puedes hacer siempre, porque la sexualidad evoluciona y cambia, y lo que te interesa con ocho años puede ser distinto de lo que te interesará a los doce o cuando seas adolescente, o cuando llegues a la edad adulta o a la vejez.

LA SEXUALIDAD SIEMPRE FORMA PARTE DE NUESTRA VIDA Y DEBEMOS APRENDER A VIVIRLA BIEN EN CADA ETAPA.

4. AUTO-CONOCIMIENTO

Esta es la parte más práctica del libro, la que vas a personalizar para ti y que espero que te sirva de aprendizaje para conocer mejor tu sexualidad. Pero, antes, recuerda:

CADA CUERPO ES DISTINTO, ASÍ COMO LA MANERA DE VIVIR LA SEXUALIDAD.

¡FÍJATE EN LO QUE TE HACE SER TÚ!

MI CUERPO. ¿CÓMO ES Y CÓMO LO SIENTO?

MI FICHA TÉCNICA CORPORAL

Nombre:

Edad:

Altura:

Peso:

Color de piel:

Color de ojos:

Color de pelo:

Llevo pelo corto / media melena / largo

____

Pelo liso / ondulado / rizado / afro

____

Vidente / dificultades visuales / invidente

____

Número de brazos:

Número de manos:

Número de piernas:

Número de pies:

Tamaño de pie:

Cuántos dedos tengo en todo el cuerpo:

Puedo andar con normalidad / dificultades / a veces tengo que usar silla de ruedas / siempre uso silla de ruedas:

Características especiales de mi cuerpo:

MIRAR CON ATENCIÓN

Quizá haya cosas que ya te sabes de memoria sobre tu cuerpo y hayas podido rellenar la ficha sin tener que mirarte. Pero ahora te voy a pedir que te observes con atención, como nunca te habías observado antes. Puedes utilizar un espejo de cuerpo entero para poder verte bien.

Yo no sé cómo eres, no sé si tienes alguna diversidad o alguna dificultad, por eso ten en cuenta que algunas cosas que diga quizá te encajarán y otras puede que no tanto.

¿SABES? VIVES GRACIAS A TU CUERPO:
TU CORAZÓN LATE; LA SANGRE FLUYE;
OS PULMONES TE PERMITEN RESPIRAR; LA PIEL,
SENTIR EL CONTACTO; LOS OJOS, VER; PUEDES
OLER, SABOREAR, SENTIR SENSACIONES
DE PLACER...

Todo esto que te digo te servirá para los siguientes ejercicios, ya verás.

EL MAPA DE TU CUERPO

Ahora que has descrito cómo es tu cuerpo, me gustaría que lo dibujaras tal cual es ahora, destacando aquellas partes que hacen que sea especial, único, el tuyo.

TEN SIEMPRE A MANO EL MAPA DE TU CUERPO, PORQUE LO IRÁS NECESITANDO DE VEZ EN CUANDO MIENTRAS LEAS EL LIBRO.

Imagina que tienes cinco años más. ¿Cómo habrá cambiado tu cuerpo? Dibuja cómo crees que será entonces.

¿Qué ha cambiado? ¿Tendrás más vello corporal? ¿Te imaginas con el pelo más largo o más corto? ¿Tus genitales serán iguales que ahora? ¿Crees que estarás a gusto con todos estos cambios?

MI MAPA DEL CUERPO Y LOS COLORES

Vuelve al mapa de tu cuerpo que has dibujado antes y pinta de distintos colores aquellas zonas que te permiten:

- ○ Ver
- ○ Respirar
- ○ Sentir el contacto
- ○ Comer
- ○ Descansar
- ○ Andar
- ○ Sentir placer

Deberás elegir un color para cada cosa y pintar cada parte del cuerpo con uno, dos o tres colores, en función de si una zona te permite sentir o hacer varias cosas a la vez.

Para ayudarte, te presento a Arán, a tu derecha. Verás que su boca le permite comer y, además, también le proporciona placer al notar el sabor de los alimentos. Ha pintado la nariz y la zona de los pulmones del mismo color porque le permiten respirar. Y ha pintado el cuello de otro color porque le proporciona placer.

Venga, sigue tú con el mapa de tu cuerpo, llénalo de colores.

MAPA DE ARÁN

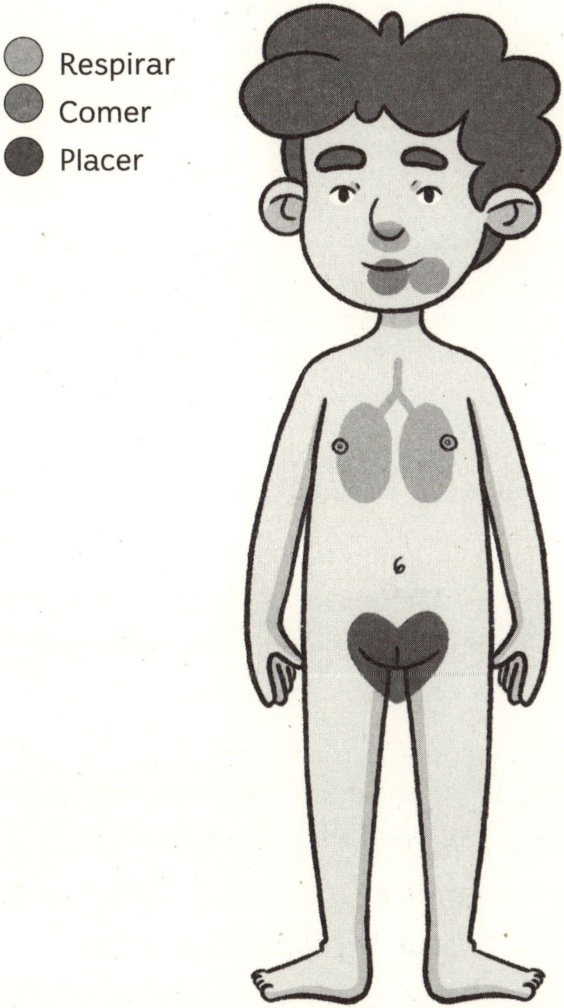

MI YO DE ANTES Y MI YO DE AHORA

Te propongo este ejercicio para que veas cuánto has cambiado hasta ahora. Busca una fotografía de cuando eras peque, una de esas fotos en las que te ves de cuerpo entero. Y después busca una que sea actual. Si no tienes ninguna, no te preocupes; pide a alguien de tu familia que te haga una foto de cuerpo entero.

Pon una foto al lado de la otra:

- ¿QUÉ ES LO QUE, A PESAR DE LOS AÑOS, SE MANTIENE MÁS O MENOS IGUAL, LO QUE TE HACE RECONOCIBLE?

- ¿HAY ALGO QUE HAYA CAMBIADO MUCHO EN TU ASPECTO FÍSICO? ¿QUÉ ES?

- ¿SIGUES TENIENDO EL MISMO ESTILO VISTIENDO? ¿LLEVAS EL MISMO PEINADO?

- QUÉ COSAS TE GUSTABAN CUANDO ERAS PEQUE? ¿EN QUÉ COSAS PENSABAS? ¿Y AHORA?

Podríamos estar respondiendo muchísimas preguntas, ¿verdad? Quizá a ti se te ocurran algunas más. Puedes seguir jugando a las preguntas sobre tu yo de antes y tu yo de ahora.

¡ATENCIÓN!

Crecer implica experimentar cambios físicos y mentales.

Seguramente,
algunos te gustarán
y otros... no tanto.

Hacerse mayor también
conlleva aprender a aceptar
lo que nos sucede.

Y el camino sigue,
así que adelante,

¡A SEGUIR CAMBIANDO!

CONSTRUYE TU MAPA DE LAS COSQUILLAS

¿Te acuerdas del mapa de tu cuerpo? Ahora te voy a pedir que elijas cuatro colores nuevos para que puedas trazar un mapa de las sensaciones corporales que tu cuerpo te despierta.

- ◯ No siento nada
- ◯ Sensación neutra
- ◯ Sensación agradable
- ◯ Sensación de placer

Cuando hayas elegido cada color, te pediré que utilices el tacto para ir acariciando cada zona de tu cuerpo, de arriba abajo.

A medida que te vayas tocando, que vayas acariciando tu piel, irás descubriendo qué zonas pintarías de un color u otro. Y cuando hayas terminado, **verás cómo es tu mapa de las sensaciones placenteras, de tus cosquillas**. Genial, ¿verdad?

Por cierto, a menudo nos quieren hacer pensar que todas las personas tenemos el mismo mapa de las cosquillas. O que las personas que tienen pene tienen un mapa donde solamente sienten placer en la zona del pene y que las personas con vulva no pueden sentir placer más allá de la vulva. Pero ¿sabes qué? Eso es mentira. **Cada persona es un mundo y cada cual debe encontrar cómo es su propio mapa**. Por eso te he animado a hacer el tuyo. Espero que te lo hayas pasado bien y ahora te conozcas mucho mejor.

MI MENTE. ¿CÓMO ES Y CÓMO LA SIENTO?

MI FICHA TÉCNICA MENTAL

Nombre: ____________________

Edad: ____________________

¿Tengo algún tipo de diversidad intelectual?

____

____

Cinco temas en los que pienso a menudo:

____

____

¿Qué tipo de música me gusta escuchar?
¿Sé el significado de sus letras? Puedo poner ejemplos.

____

____

¿Qué tipo de películas o series me gusta ver?
Puedo poner algún ejemplo.

____

____

¿Cuáles han sido los últimos cinco libros que he leído?
¿Tienen algo en común?

____

____

¿Hay algo que me preocupe ahora que hace cinco años no me preocupaba?

¿Qué me hace feliz?

¿Qué me entristece?

¿Qué me enfada?

¿Qué me da miedo?

Cinco palabras que me definen:

¿Qué cambiaría de mí?

¿Qué me encanta de mí?

Lo que hay en tu mente lo puedes alimentar de una manera u otra. Por eso te he preguntado qué música escuchas, qué libros lees y qué pelis o series miras. ¿Crees que alimentas bien tu cerebro? ¿Qué aprendizajes sacas de todo lo que ves, escuchas y lees?

PENSAR CON ATENCIÓN

Dentro del cerebro están tus pensamientos. Durante el día tenemos muchos y, a menudo, no somos conscientes de ellos. Pero si paramos un momento y nos fijamos, seremos conscientes de la cantidad de cosas que nos llegan a pasar por la cabeza. A eso lo llamo **«pensar con atención»**.

Te propongo un ejercicio en las siguientes dos páginas:

TE PROPONGO UN EJERCICIO

Durante un día entero, fíjate en lo que piensas y escríbelo en el interior de la ilustración del primer cerebro. No hace falta que apuntes absolutamente todo lo que piensas, pero sí que puedes anotar aquello que creas que es más importante para ti.

Una vez hecha esta parte del ejercicio, te propongo que te imagines dentro de cinco años. Serás mayor que ahora y quizá algunas de las cosas que ahora están en tu mente habrán cambiado, otras las pensarás igual o quizá algunas ya no estarán y pensarás otras totalmente distintas.

TU MENTE AHORA

TU MENTE EN EL FUTURO

DIARIO DE PENSAMIENTOS

Un ejercicio que te puede ayudar a conocerte mejor es el diario de pensamientos. Para poder hacerlo necesitas una libreta destinada a convertirse en tu diario de pensamientos: quizá ya tengas alguna libreta por casa o quizá quieras elegir una nueva.

Puedes escribir cada día o los días que puedas o desees. Anota la fecha, concéntrate y escribe. Yo te propongo un ejemplo de lo que podrías apuntar, pero tú añade o quita lo que desees. Ejemplo de hoja:

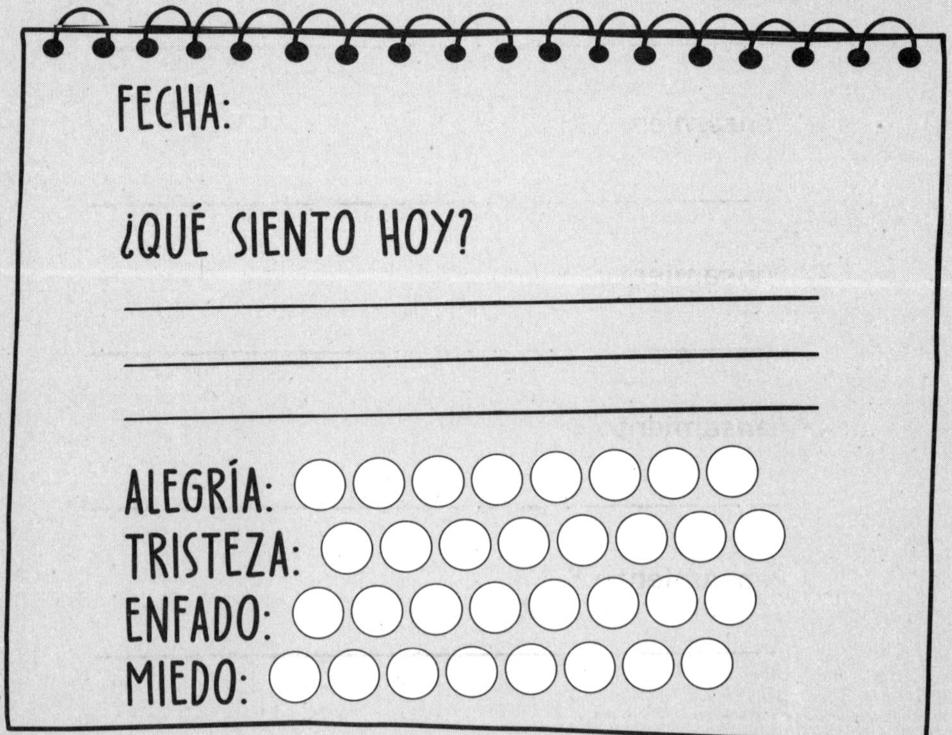

Si lo deseas, puedes escribir un poco más de cada emoción, de cada sentimiento, por ejemplo:

HOY ME SIENTO ALEGRE PORQUE...

HOY ME SIENTO TRISTE PORQUE...

- CINCO COSAS EN LAS QUE HAS PENSADO HOY:

✔ **Pensamiento 1:**

____

✔ **Pensamiento 2:**

____

✔ **Pensamiento 3:**

____

✔ **Pensamiento 4:**

____

✔ **Pensamiento 5:**

____

UNA COSA QUE TE HAYA GUSTADO DEL DÍA DE HOY:

¿PUEDES HACER ALGO PARA QUE HAYA MÁS DE ESTO QUE TE HA GUSTADO?

UNA COSA QUE NO TE HAYA GUSTADO DEL DÍA DE HOY:

¿PUEDES HACER ALGO PARA QUE NO SUCEDA MÁS?

(A veces, no puedes hacer nada para cambiar algo que no te gusta, porque no está a tu alcance o porque no puede cambiarse. Es importante aprender a convivir con eso, acéptalo).

LAS COSQUILLAS DE MI MENTE

Antes hemos hablado de las cosquillas y las sensaciones de placer que podrías notar en tu cuerpo. Pero **las cosquillas corporales se alimentan y crecen con cosquillas mentales**. Y quizá te preguntes qué son las cosquillas mentales.

Seguramente habrá cosas de la sexualidad que te despiertan curiosidad, deseo y excitación. La lista puede ser muy larga y siempre se puede ampliar o modificar. Te propongo que tomes consciencia de aquellas cosas que crees que te gustaría saber o experimentar, aquello que hace que tu excitación o tu deseo crezca.

Puede que al principio te cueste mucho descubrirlas, pero poco a poco, y si estás pendiente, lo irás haciendo.

La segunda parte de este ejercicio ya te la puedes imaginar: si no lo apuntas, no dejarás constancia y no podrás ver si, con el paso del tiempo, la lista cambia o se amplía. Aquí tienes el espacio para poder anotar aquello que se te vaya ocurriendo (recuerda que si no lo quieres escribir aquí o si no hay suficiente espacio puedes utilizar la libreta que se ha convertido en tu diario de pensamientos).

MEZCLEMOS LOS MAPAS

No se siente lo mismo si tocas tu cuerpo y las zonas donde sientes más cosquillas ahora, así sin más, que si lo tocas cuando también activas las cosquillas eróticas de tu cerebro. Para comprobarlo, te voy a mostrar el truco: vamos a mezclar los dos mapas.

Cuando estabas haciendo los ejercicios del cuerpo has confeccionado tu mapa de cosquillas corporales, es decir, has localizado aquellas partes de tu cuerpo que te dan más sensación de placer. Y hace poco has trazado el mapa de las cosquillas mentales, o sea, que has empezado una lista de cosas que despiertan tu deseo y tu excitación mental. Pues bien, te voy a pedir que utilices el tacto para recorrer tu cuerpo buscando aquellas zonas que te despiertan más sensaciones agradables mientras piensas en aquellas cosas que despiertan tu excitación.

¿Sientes lo mismo tocando sin pensar en lo que te produce cosquillas mentales que pensando en ello? Quizá al principio te cueste mezclar las dos cosas, pero, poco a poco, lo irás consiguiendo y comprobarás que...

LAS SENSACIONES SE MULTIPLICAN. **¡Y son fantásticas!**

Vaya viaje has hecho en este capítulo. Desde tu cuerpo hasta tu mente, y, al final, hemos llegado a una mezcla de ambos. Solamente quiero recordarte que lo que te despierta cosquillas (corporales y/o mentales) a ti, no tiene por qué despertar cosquillas a las otras personas. Lo que es superimportante es que tú te conozcas y sepas qué despierta tus cosquillas y que, si en algún momento quieres compartir tus cosquillas de placer con otra persona, ella te diga cómo funcionan en su cuerpo y en su mente.

RECUERDA QUE NADIE ES IGUAL
Y QUE CADA PERSONA ES UN MUNDO.

5. MIS RELACIONES

Antes de hablarte de las relaciones que puedes tener con otras personas, déjame decirte que conocerte y sentir que **estás a gusto contigo** es muy importante para poder trabar buenas relaciones con las demás personas. Por eso este capítulo, el más práctico del libro, te ha de servir para poder conocerte y gustarte. Por dentro y por fuera.

¡ATENCIÓN!

Cuando una persona se cae bien a sí misma, **¡CREA RELACIONES MUCHO MÁS SANAS Y FABULOSAS!**

MI FAMILIA

La relación con la familia va cambiando a medida que vamos creciendo. De bebés, necesitamos constantemente a nuestra familia para sobrevivir. Sin nadie que cuide de nosotros, no podríamos alimentarnos, limpiarnos, vestirnos, etcétera. En la etapa infantil, precisamos de mucha menos ayuda, pero todavía no somos autosuficientes.

Al llegar a la pubertad y la adolescencia, ya sabemos apañárnoslas por nosotros mismos; sin embargo, aún hay cosas del mundo adulto que no podemos hacer y necesitamos que a veces nuestra familia nos eche un cable. Lo que persiste a lo largo del tiempo (desde que nacemos hasta el final de la vida) es el apoyo emocional y afectivo. Con la familia convivimos y pasamos una parte muy importante del tiempo. Por eso, es importante que construyamos una buena relación. ¿Cómo te llevas tú con la tuya?

Déjame ofrecerte tres ingredientes para tener una buena relación con tu familia:

1. **TEN UN POCO DE PACIENCIA.** A veces no saben cómo reaccionar ante lo que te pasa o lo que haces. Déjales un poco de tiempo para que puedan escucharte bien y comprenderte.

2 **NO HAY MANUAL DE INSTRUCCIONES.** Cuando te conviertes en mamá, papá o cuidadora de referencia de un bebé, hay muchas cosas que no se saben hacer y es importante que vayáis aprendiendo juntos cómo llevaros mejor. Está claro que cuando eres un bebé eso no lo puedes hacer tú, pero a medida que creces, puedes ir aprendiendo a relacionarte bien con las demás personas y con tu familia.

3 **APRENDE COMUNICACIÓN POSITIVA** para evitar malentendidos y malos rollos.

¿SABES QUÉ ES LA COMUNICACIÓN POSITIVA?

Intentar decir las cosas con calma y amabilidad, escuchando con atención, utilizando palabras que no sean bruscas, empatizando y compartiendo los sentimientos, y usando un tono afectuoso. En la comunicación positiva hay ciertas palabras que siempre ayudan, por ejemplo «gracias» y «por favor».

Y te cuento algunas de las cosas que te ayudarán a ver para qué es importante tener una buena relación en casa:

1. **ES UN ESPACIO SEGURO,** aunque a veces discutáis o no estén de acuerdo contigo; están a tu lado para darte apoyo incondicional.

2. **TENDRÁS UN MEJOR DESARROLLO EMOCIONAL,** aunque tu familia también tiene que ir aprendiendo sobre las emociones.

3. **TU AUTOESTIMA SERÁ MAYOR,** y eso ayuda a relacionarse mejor con las demás personas.

4. **ES UN ESPACIO DE APRENDIZAJE** fundamental para la infancia y la adolescencia.

5. En casa aprenderás **AQUELLO QUE ESTÁ BIEN Y AQUELLO QUE ESTÁ MAL.**

6. **ES UN ESPACIO PARA PREPARARTE** para la vida adulta y crecer como persona.

TE PROPONGO UNA COSA:

Deja que tu familia lea este apartado para que podáis hablar de ello y así mejorar vuestra relación.

¡Por cierto! Cuando hablo de familias, hablo de muchos modelos distintos de familias:

- CON DOS MAMÁS
- CON DOS PAPÁS
- CON UNA MAMÁ Y UN PAPÁ
- CON UNA MAMÁ
- CON UN PAPÁ
- CON ABUELES
- CON TÍES
- ADOPTIVA
- DE ACOGIDA
- CON MUCHA GENTE VIVIENDO EN CASA
- CON POCA GENTE VIVIENDO EN CASA
- CON UN PADRASTRO O UNA MADRASTRA

TAMBIÉN SE PUEDE LLAMAR «PADRE AFÍN» O «MADRE AFÍN».

¿Conoces algún otro tipo de familia? ¿Cómo es la tuya?

En resumen, **hay que cuidar las relaciones, en especial la que tienes con tu familia para que sea sana y buena. Y ese cuidado debe venir por los dos lados: por tu parte y por su parte.**

HISTORIA DE FAMILIA

Teo a veces se enfada con su familia. Ayer se disgustó porque le dijeron que no podía mirar su película favorita hasta que no ordenara su cuarto, que estaba hecho un lío: algunos libros estaban por el suelo, no había puesto la ropa para lavar y los juguetes estaban fuera de su sitio. Él se moría de ganas de ver alguna de les pelis de *Harry Potter*.

Al final, su padre le dijo que le echaba una mano si él se convertía en el director del «Proyecto Ordenar». Y así lo hicieron. Juntos ordenaron la habitación, aunque fue Teo quien hizo un poco más de trabajo; su padre solo era un ayudante. Y así pudieron ir a ver la peli de *Harry Potter y la piedra filosofal* (una vez más).

Trabajaron en equipo, se ayudaron a ordenar y así pudieron gozar de un momento de cine en casa. Prepararon palomitas, bajaron las perslanas del comedor para quedarse a oscuras y se sentaron en el sofá. ¡Tuvieron un rato de lo más divertido y mágico!

Cuando lo dejamos todo listo, ¡luego podemos disfrutar de juegos y ratos familiares fantásticos!

MIS AMISTADES

Las amistades pueden ser un círculo de relación muy importante, ¿verdad? Quizá te relaciones con tus amigues de la infancia o quizá hayas cambiado de amistades. En cualquier caso, cuando empieza la adolescencia, se vuelven todavía más importantes porque son el grupo de iguales con quienes se comparten cantidad de cosas. Espero, de corazón, que tengas un círculo de amistades que te quieran y te respeten. Y también deseo, de todo corazón, que quieras y respetes a las amistades y personas conocidas que tengas a tu alrededor.

Cuando hablo de «querer» y «respetar» me refiero a que **une amigue será aquella persona que te respetará como eres y le gustarás tal cual**. Sin embargo, a veces construimos nuestras amistades con personas que no nos aportan cosas positivas y que nos hacen sentir mal, aunque a veces no sepamos bien por qué.

Te voy a proponer, como si fuera una receta, algunos **ingredientes que debería tener una buena amistad**, ¿te parece?

1. **QUE TE RESPETE A TI Y A TUS VALORES.**
   El respeto es el ingrediente fundamental de las relaciones con las demás personas.

2. **QUE OS DEIS APOYO MUTUAMENTE.**
   Une amigue tiene que ser una persona que te apoye en los momentos divertidos y, también, en los más difíciles.

3. **QUE OS GUSTEN ALGUNAS COSAS SIMILARES.** No hace falta que sea todo, pero es interesante compartir algunos intereses.

4. **QUE PUEDAS CONFIAR EN ESA PERSONA.**
   Y la confianza debe ser algo que sea palpable, demostrable.

5. **QUE OS DIVIRTÁIS Y OS GUSTE PASAR TIEMPO JUNTES.**

¡AVISO IMPORTANTE!

Ten en cuenta que si pides respeto, valoración, apoyo, intereses similares, confianza y diversión a una persona... ¡TÚ TAMBIÉN TIENES QUE ESTAR A LA ALTURA! Eso significa que tú también tienes que respetar a tus amistades, valorarlas, brindarles apoyo, compartir sus intereses, demostrarles que pueden confiar en ti y divertirte a su lado.

Es bueno parar un momento y pensar en cómo son las relaciones de amistad que tienes. ¿Cumplen estos criterios? Si ves que hay alguna de estas cosas que he comentado que no se cumplen, quizá puedas valorar si vale la pena tener una amistad que, por ejemplo, no te dé apoyo o con la que nunca te diviertas.

Es imprescindible que una relación de amistad te haga sentir bien y tú hagas sentir bien a la otra persona. Si no es así, puedes elegir seguir en esa relación de amistad o no.

Sí, sin duda. Tenemos derecho a decidir con quién queremos tejer una relación de amistad. Quizá haya relaciones que tienes a tu alrededor que no son realmente amistades. Vamos a ver algunos ejemplos:

1. Si esa persona no te hace caso, no te escucha ni muestra interés por ti.

2. Si esa persona no te respeta.

3. Si se ríe de ti a solas o delante de otras personas.

4. Si se lleva de maravilla contigo cuando estáis a solas, pero cuando hay otra gente te trata distinto, te trata mal.

5. Si quiere que hagas siempre lo que ella diga.

6. Si se ríe de ti a solas o delante de otras personas.

7. Si se aprovecha de alguna de tus cualidades; por ejemplo, como se te da bien una asignatura de la escuela o instituto, te pide que hagas sus deberes.

8. Si no te comprende ni intenta hacerlo.

9. Si quiere que hagas cosas que tú realmente no quieres hacer.

Hay muchas relaciones que creemos que son amistades pero en realidad no lo son. Y yo deseo que puedas rodearte de personas que, de verdad, sean amigas tuyas.

¿SABES QUÉ ES LA PRESIÓN DE GRUPO?

A menudo, cuando tenemos amistad con otras personas y estamos juntas, nos encontramos con situaciones que no deseamos. Por ejemplo, cuando en el grupo alguien empieza a fumar y las demás le siguen «para no ser menos».

Realmente, una decisión de este tipo es muy importante y deberías ser capaz de tomarla **por ti y para ti**, no para sentir que formas parte del grupo.

A veces, el grupo nos reta a hacer cosas que realmente no queremos y, en esos momentos, es cuando toca ser valiente y tener en cuenta todo lo que has leído hasta ahora sobre la amistad.

Si ves que alguien de tu círculo de amistades intenta presionarte para hacer algo que no te apetece, quizá sea el momento de plantearte si es una amistad de verdad.

¿Recuerdas qué ingredientes debe tener una buena amistad? El primero es «que te respete a ti y a tus valores». Una buena amistad no intentará convencerte de que hagas algo que tú no quieres.

LAS VERDADERAS AMISTADES SON AQUELLAS QUE NOS AYUDAN A CRECER COMO PERSONAS, NO LAS QUE NOS PUEDEN PERJUDICAR.

Piensa un poco y anota en qué características te fijas para elegir a tus amistades:

HISTORIA DE AMISTAD

Ha llegado la hora del patio y Tom quiere ir a jugar con su grupo de amigas, pero Eric le ha dicho que se vaya con ellos, el grupo de los chicos. Eric no suele jugar con las niñas. Y Tom accede, pero se queda con la duda de si lo ha hecho bien.

Cuando llega a casa le dice a su madre que, aunque se lo pasa muy bien con Eric y los niños, él hoy quería jugar con Berta y, al final, para que no se rían de él, se ha ido con los niños. Y no sabe si ha hecho bien.

Es importante que hagas lo que te apetezca, Tom. Siempre que eso no obligue a nadie a hacer algo que no quiera. A veces, los chicos se ríen de los niños que juegan con niñas, pero tú puedes jugar con quien quieras y con quien te lo pases bien, sean quienes sean.

No entiendo por qué hay chicos que no quieren jugar con las chicas, mamá.

Porque hay quien piensa que las chicas son menos divertidas y eso no es cierto... Ellos se lo pierden...

Sí, ellos se lo pierden. La próxima vez jugaré con quien yo quiera.

MIS NOVIES

Para que la amistad funcione y sea buena, tiene que ser bidireccional: tú quieres, cuidas y respetas a la otra persona y esa persona te quiere, te cuida y te respeta. Pues, bien, déjame decirte que todo lo que te he dicho sobre las amistades **también es aplicable a las relaciones de pareja o sexoafectivas.**

Por lo tanto, toma nota: **respeto, apoyo, intereses comunes, confianza y diversión**. Es lo mínimo que debemos pedirle a alguien con quien compartimos una relación de amistad y que, además, será nuestra pareja o vínculo sexoafectivo o amoroso, como lo quieras llamar.

Partiendo de esto, ¿qué diferencia crees que hay entre una relación de amistad y una relación de pareja o sexoafectiva?

Quizá, uno de los elementos principales que has pensado es que con las parejas se pueden tener relaciones sexuales y con las amistades, en general, no. Sí, puede que esa sea una de las grandes diferencias ahora mismo, pero no funciona así para todas las personas.

Antes de contarte algunas cosas imprescindibles para construir buenas relaciones de pareja o sexoafectivas, déjame que te explique que no solamente se puede tener una pareja. **Hay muchas otras maneras de vincularse.**

Quizá hayas oído hablar de la monogamia y la no monogamia, o del poliamor, o de que el amor verdadero es aquel que se comparte solamente con una persona. No sé cómo se relacionan las personas de tu alrededor, pero seguro que la mayoría están en pareja. Es decir, son dos. Novies. No importa el género. Y tener pareja puede ser una muy buena opción, si es lo que tú quieres. También es una buena opción no tener pareja. O tener más de una pareja o vínculo al mismo tiempo.

HAY MUCHOS MODELOS DE RELACIÓN SEXOAFECTIVA, Y TODOS SON IGUAL DE VÁLIDOS Y RESPETABLES.

No te voy a liar con nombres y etiquetas de estos tipos de relación, pero está bien que sepas que:

✔ Hay personas que tienen una pareja principal y pactan con ella que también pueden tener relaciones sexuales con otras personas.

✔ Hay personas que tienen una pareja principal y pactan con ella que también pueden tener relaciones amorosas con otras personas.

✔ Hay personas que tienen más de una persona con la que se relacionan al mismo nivel, como si tuvieran varias «parejas» igual de importantes.

✔ Hay personas que no dan más importancia a tener una relación de pareja que a una relación de amistad o familiar; todas están al mismo nivel de importancia.

✔ Hay personas que tienen una pareja y pactan con ella que no tendrán relaciones sexuales ni amorosas con otras personas.

✔ Hay personas que tienen parejas sexuales, pero no tienen un vínculo de pareja con ellas.

✔ Hay personas que tienen pareja, pero no comparten relaciones sexuales con ella.

✔ Hay personas que no tienen pareja.

Yo me imagino un mundo en el que **cada persona sienta que puede escoger realmente qué tipo de relaciones quiere tener**. Y que todas ellas, sean una relación o más de una, **se construyan desde el respeto, la confianza, el placer, la diversión o lo que las partes implicadas elijan libremente**.

¿QUÉ NECESITO SABER PARA PODER TENER UNA BUENA RELACIÓN?

Quizá ya hayas visto que, desde que somos muy peques, nos preguntan por si nos hemos echado ya novio o novia. Parece que el mundo está obsesionado en que nos emparejemos. Y esa presión conlleva a que a veces deseemos encontrar pareja para ser como las demás personas.

Pero tener pareja o un vínculo especial con alguien no debería ser una presión. Lo que importa es que la persona o personas con las que queramos estar cuenten con una serie de ingredientes imprescindibles. Los mismos que debe tener una amistad. ¿Te parece si los recordamos?

1. QUE RESPETE TUS VALORES.

2. QUE TE DÉ APOYO.

3. QUE LE GUSTEN ALGUNAS COSAS SIMILARES A LAS QUE TE GUSTAN A TI.

4. QUE SE PUEDA CONFIAR EN ELLA.

5. QUE TE DIVIERTAS CON ELLA.

En general, en una relación de pareja o vínculo sexoafectivo, añadimos una sexta opción:

6. QUE TE GUSTE COMO NOVIE O VÍNCULO SEXOAFECTIVO. QUE TE DESPIERTE CIERTA ATRACCIÓN.

Y todo esto tiene que ser **bidireccional**, ¡claro! Tú también tienes que respetar, apoyar, compartir intereses similares, y la otra persona debe poder confiar en ti, divertirse contigo y sentir atracción hacia ti.

A partir de ahí, disfrutad mucho y aprended de la relación. Hay algunas que duran tiempo, otras que duran menos, otras que quizá nunca terminan, otras que se transforman...

HISTORIA DE AMISTAD

A Cris le pasa algo que no le había pasado antes. Siempre ha querido mucho a sus amistades, pero cuando está con Noa parece que siente algo especial y no sabe qué es. Solo sabe que le gusta estar cerca y en algún momento ha pensado en cómo sería que se besaran. En los labios, como en las películas.

Papá, ¿cómo sabes que una persona te gusta?

¿Que te gusta en plan amistad o algo más?

Algo más.

Pues generalmente te gusta estar con ella y, a menudo, piensas en abrazarla y besarla.

Pues creo que me pasa eso con Noa y no sé si a Noa le pasa lo mismo o no.

¿Y si se lo dices?

Es que me da vergüenza.

Sí, suele dar un poco de vergüenza... Puedes probar de acercarte y si ves que le gusta, quizá significa que siente lo mismo; pero, si ves que se aparta lo mejor es no seguir. Pero lo ideal es hablarlo para que no haya malos entendidos. A veces, aunque dé vergüenza, es importante compartir lo que sentimos...

Pues primero intentaré acercarme y si no me queda claro quizá le diré que me gusta un poco...

Y a lo mejor Noa le dice que no le gusta como novie, pero lo importante es decir lo que sentimos porque, si no, puede que nos quedemos con las ganas de vivir algo fantástico o que estemos siempre con la duda. Pero siempre debemos respetar lo que nos diga la otra persona.

6. PASARLO BIEN (VAMOS A HABLAR DE PLACER)

En la sexualidad hay dos ideas que es importante tener en cuenta para poder pasarlo bien:

El respeto hacia une misme y hacia las demás personas. La diversión con une misme y con las demás personas. Y deben ir de la mano: respeto y diversión. Porque si no respetamos a la otra persona o no nos respetan, no es un juego saludable. Porque si no nos lo pasamos bien, tampoco.

Ahora vamos a hablar de cómo podemos pasarlo bien si hablamos de sexualidad.

EL PLACER

El placer es uno de los principales protagonistas de la sexualidad. O debería serlo. Para poder pasarlo bien, primero hay que conocerse bien a sí mismo y luego podremos explorar qué sensaciones placenteras sentimos.

Vamos a ver qué es realmente el placer:

El placer ES una sensación feliz y agradable en nuestro cuerpo o en nuestra mente cuando hacemos algo que nos gusta.

El placer es una emoción normal y natural que todas las personas experimentamos.

¿Te parece si vemos algunos ejemplos de cosas que suelen dar placer?

1. **COMER ALGO QUE TE GUSTA:** imagina cuando comes tu comida favorita y sientes lo delicioso que es en tu boca. Esa sensación feliz es el placer.
2. **JUGAR Y REÍR:** cuando te diviertes mucho jugando con tus amigues o cuando escuchas un chiste que te hace reír a carcajadas, eso es el placer.

3. **ESCUCHAR MÚSICA QUE TE GUSTA:** si escuchas una canción que te hace sentir feliz o te emociona, esa alegría que sientes es el placer.

4. **ESTAR CON QUIEN TE GUSTA:** cuando pasas tiempo con las personas que quieres, como tu familia o amigos, y te sientes segure y alegre, eso también es una forma de placer.

5. **HACER ACTIVIDADES QUE TE GUSTAN:** si te gusta pintar, leer un buen libro, jugar a tu juego favorito o hacer deportes, sentirás placer porque estás haciendo algo que disfrutas mucho.

Ahora que ya sabes bien qué es el placer, vamos a hablar del placer que sentimos con la sexualidad.

EL PLACER SEXUAL ES UNA SENSACIÓN AGRADABLE CUANDO HACEMOS COSAS, DE MANERA INDIVIDUAL Y COMPARTIDA, QUE NOS GUSTAN RELACIONADAS CON NUESTRO CUERPO Y LA INTIMIDAD.

PLACER INDIVIDUAL

Los juegos individuales son, por ejemplo, caricias que hacemos en distintas partes de nuestro cuerpo y que nos hacen sentir sensaciones agradables. Cuando esas caricias se hacen en los genitales, las llamamos **masturbación**.

MASTURBACIÓN

Quizá hayas oído hablar de la masturbación. A menudo se utilizan otros nombres para referirse a ella.

La masturbación es cuando **una persona toca sus partes íntimas, como el pene o la vulva, porque se siente bien o cómoda al hacerlo**. Esto es algo que las personas hacen cuando están a solas y en un **entorno privado**, como en el baño o en la habitación, porque es una forma de cuidar su propio cuerpo y sentirse bien consigo mismas. Es como un acto de cariño hacia uno mismo y es completamente normal.

Cuando una persona juega a tocar sus partes íntimas puede sentir muchas sensaciones distintas de placer. Una de ellas es el orgasmo, que es una pequeña explosión de cosquillas de placer.

¿Qué debes tener en cuenta si deseas masturbarte?

PRIVACIDAD: la masturbación es algo que se hace en privado, en un lugar donde te sientas bien, en un entorno seguro.

NATURALIDAD: es una experiencia común y muchas personas, incluyendo las adultas, la practican en algún momento de sus vidas.

EXPLORA TU CUERPO: porque es una forma en que las personas conocemos nuestros cuerpos y descubrimos lo que nos gusta y lo que no nos gusta.

DISFRUTA: las sensaciones de placer que se despiertan en el cuerpo son maravillosas, por lo tanto, pásatelo bien.

¿Recuerdas que en el capítulo 3 te he hablado de las eyaculaciones? Pues ten presente que, si tienes pene, quizá en algún momento puedes empezar a eyacular.

PLACER COMPARTIDO

El placer también puede ser compartido con otra u otras personas. Y cuando este es compartido puede incluir besos, abrazos, caricias y otros juegos. Este placer sexual forma parte de las cosquillas que puede sentir el cuerpo y la mente.

Es una parte normal de la vida de las personas cuando crecen y se convierten en adultas.

Lo más importante es que estos juegos deben hacerse con alguien que también quiera hacerlas y se sienta cómode, y siempre **con respeto y cuidado por los sentimientos de la otra persona**. También es importante recordar que las personas tienen **derecho a decir «no»** en cualquier momento si no desean hacer algo, y eso siempre debe ser respetado.

¿Ves? El respeto es clave. El placer compartido es mucho más que tu placer y el de la otra persona sumados. Primero porque cuando estás con una persona, **la manera como tú sientes el placer puede ser distinta**. Una cosa es el placer que sentimos a solas y otra cosa es el placer que sentimos en compañía.

Por eso es muy importante que nos comuniquemos y nos expliquemos qué es lo que nos gusta más y qué no.

¡ATENCIÓN!

La comunicación **ES MUY IMPORTANTE.**

Imagínate que te dan un beso en la oreja y a ti no te da placer. Es importante poder decir, siempre de manera educada, que ese tipo de besos no te gustan. Y hay que decirlo porque la otra persona no tiene poderes de adivinación para saber lo que te gusta y lo que no. ¡Eh! Hay muchas maneras de vivir el placer compartido: con un abrazo, con un beso, viendo una peli en el sofá, bailando, etcétera.

SEXUALIDAD COMPARTIDA

Cuando queremos jugar sexualmente con alguien, estamos hablando de sexualidad compartida. Y en la sexualidad compartida puede haber mucho placer sexual. Incluso puede llegar esa sensación que te decía antes cuando hablaba de la masturbación: el **orgasmo**.

Quizá te hayas hecho una idea de lo que es la sexualidad compartida. Hay quien le llama «hacer el amor», «tener relaciones sexuales», «follar»... Lo importante no es tanto cómo la llamemos, sino cómo debe ser. Porque nos han mentido un poco y nos han enseñado una sexualidad compartida que no es real.

EL PORNO NO ES EDUCACIÓN SEXUAL

Cuando se habla de follar o del acto sexual muchas personas piensan en el porno.

¿Sabes lo que es el porno? Te lo cuento brevemente para que sepas de qué hablo. **Son películas donde el protagonista de la historia es el sexo**. En ellas se ven a dos o más personas teniendo relaciones sexuales. Quizá alguien te haya hablado de ello o te hayan enseñado algún vídeo. Quizá te lo has encontrado mientras estabas con el ordenador. Es muy habitual dar con este tipo de vídeos en internet, y, cuando los miramos, a menudo sentimos que no nos gusta lo que estamos viendo y, sin embargo, queremos seguir mirando.

Si te pasa alguna vez, es importante que lo compartas en casa para que puedas hablar sobre cómo te has sentido. El porno forma parte de la ficción, aunque muchas personas lo miran para aprender a tener sexo y placer compartidos. Un gran error. Hay muchos motivos por los que el porno no ayuda en absoluto a aprender a tener relaciones sexuales. Vamos a ver algunos:

1. **SON PELÍCULAS, NO DOCUMENTALES.** Y en las películas enfocan para ver las cosas más grandes o más pequeñas, se ruedan escenas en más de un día, hay decorados falsos y otra parafernalia que ayudan a creer que aquello es cierto, pero no lo es.

2. **SON VIOLENTAS.** Generalmente enseñan una manera de tener sexo compartido donde hay violencia, forcejeo y donde no importa la opinión de la otra persona (en la mayoría de los casos, una mujer).

3. **SON MACHISTAS.** Siempre se prioriza al protagonista masculino y es él quien hace y deshace, quien manda. Y la otra persona, generalmente una chica, no tiene ni voz ni voto, ella no cuenta, es como un objeto para el placer de él. Por lo tanto, no nos enseña el juego compartido, sino el juego egoísta.

A menudo se habla de porno con los compañeros y es un tema que hace reír. Pero, si valoramos que este tipo de cine fomenta la violencia y la sexualidad machista, la verdad es que no es tan divertido y tal vez no deberíamos tomárnoslo tan a la ligera.

NO SIGAS EL PATRÓN DE LA SEXUALIDAD MACHISTA

La sexualidad no debería seguir un patrón, pero lo sigue y es un patrón machista. Hemos aprendido que en las relaciones sexuales compartidas hay un juego casi obligatorio: la **penetración**. ¿Recuerdas que cuando te explicaba cómo se hacían los bebés, la penetración del pene en la vagina era importante para poder conseguirlo? Pues en la sexualidad compartida hay muchas personas que buscan la penetración, aunque no quieran tener hijes. Y ¿sabes qué? Cuando dos personas juegan sexualmente quizá no siempre les apetezca que haya penetración. O quizá no puedan practicar la penetración de un pene dentro de la vagina porque las dos personas que juegan tienen vulva, y nadie tiene pene. O al revés.

Cuando alguien se imagina cómo es una relación sexual, generalmente piensa en dos personas heterosexuales (una chica cis y un chico cis) que se besan, se desnudan, pueden besarse los genitales y el cuerpo y practican la penetración. **Y aquí se acaba el juego.** Normalmente todo va muy rápido, no se hablan ni se dicen si están bien o no. Y ¿sabes qué? Es habitual que este tipo de relaciones sexuales, las que siguen este patrón, terminen cuando el chico ha sentido placer, sin importar si la chica lo ha sentido o no.

Yo te propongo que rompamos este patrón tan rígido y que deja poco margen a que cada cual invente las reglas de sus juegos sexuales. Pasemos de este modelo de sexualidad tan machista a un **modelo de sexualidad feminista que tenga en cuenta que podemos tener relaciones sexuales de manera diversa y, siempre, con respeto y placer**.

Pues a continuación vamos a ver varias cosas que debemos tener en cuenta si queremos tener una sexualidad igualitaria.

1. **DEBES TENER EN CUENTA A LA OTRA U OTRAS PERSONAS** y conocer lo que le da seguridad, placer y la hace sentirse respetada.

2. **TIENES QUE SENTIR QUE TE RESPETAN A TI TAMBIÉN.**

3. **PUEDES PREGUNTAR QUÉ CLASE DE JUEGO LE APETECE HACER A LA OTRA U OTRAS PERSONAS,** en lugar de dar por supuesto que querrá que haya penetración.

4. **ES IMPORTANTE SABER QUE LAS RELACIONES SEXUALES COMPARTIDAS** se pueden dar entre hombres, mujeres, personas no binarias... No todo sucede entre un hombre y una mujer.

5

DEBES TOMAR CONSCIENCIA DE QUE LO QUE LE GUSTA SEXUALMENTE A UNA PERSONA puede que no sea lo que le guste sexualmente a otra. No somos clones.

Puede parecer sencillo tener en cuenta todas estas ideas, pero la educación sexual tan machista y poco consciente que recibimos hace que no se tengan en cuenta puntos tan básicos como considerar que:

- ✔ Merecemos respeto
- ✔ Debemos comunicarnos
- ✔ Todas las personas que juegan juntas deben divertirse.

El patrón de la sexualidad machista está creado para que solo una persona se divierta cuando en el juego hay más gente. **¿No crees que es mejor que en el juego sexual se diviertan todas las personas implicadas?**

¿CÓMO APRENDEMOS QUÉ ES LA SEXUALIDAD?

Seguro que en tu casa te han explicado cómo aprendiste a caminar o cuáles fueron tus primeras palabras. Si no lo sabes, puedes preguntar, porque son historias divertidas en las que casi siempre hay alguna anécdota que te encantará saber.

Aprendemos a caminar y a hablar cuando nuestro cuerpo y nuestro cerebro están preparados para ello y también cuando nos fijamos en otros hacerlo. **Tener referentes a nuestro alrededor nos ayuda a aprender más rápidamente**, ¿no crees?

Yo me atrevo a decir que **casi nadie nos enseña cómo** se tienen relaciones sexuales correctamente. Y tampoco vamos por la calle viendo a las personas teniendo relaciones sexuales. Claro, porque es algo íntimo. Por lo tanto, no tenemos referentes, casi nadie nos habla de ello y no sabemos adónde acudir para poder aprenderlo.

Como tenemos curiosidad y queremos saber qué cosas se hacen y cómo se hacen, quizá investiguemos un poco. O en algún momento nos aparece un vídeo porno en internet.. En el porno podemos ver algo que puede parecer una relación sexual, pero, como hemos dicho, no son documentales, sino películas de ficción, que utilizan trucos y que suelen tener una concepción muy machista del sexo. Por eso, debemos buscar otras maneras de aprender sobre sexualidad.

Hoy en día hay muchas personas que hablan públicamente sobre el tema, pero escuchar a según qué personas, que no son profesionales de la salud sexual, comporta varios riesgos:

1. Que estén hablando de su propia experiencia y esa a ti no te sirva.

2

Que estén contando cosas sobre sexualidad que no sean ciertas, es decir, que estén extendiendo mitos y falsas creencias, aunque no lo sepan.

3

Que las cosas que cuenten comporten riesgos para la salud sexual, esto es, para tu salud.

4

Que cuenten cosas desde su perspectiva y no tengan en cuenta los elementos importantes de la sexualidad compartida que hemos comentado antes.

Necesitamos buscar fuentes que sean fiables para asegurarnos de que aprendes aquello que realmente sea divertido, placentero y saludable para ti y para las personas con las que decidas compartir tu sexualidad.

¿QUÉ TENGO QUE SABER PARA VIVIR UNA SEXUALIDAD SALUDABLE, PLACENTERA Y DIVERTIDA?

Lo fundamental es contar con un buen apoyo por si, en algún momento, te surgen dudas o te enfrentas a alguna dificultad. Te recomendamos tres pilares que te pueden ayudar:

1. **LA FAMILIA:** en el capítulo 6 te hablaba de la importancia de la familia, con quien no siempre es fácil tener buena relación pero que, pase lo que pase, siempre debe estar a nuestro lado. Ya hemos visto que no es fácil hablar de este tema: para muchas personas es un gran tabú y para tu familia quizá también lo sea. Pero es importante que, si tienes dudas sobre sexo, puedas preguntárselas. Y si debes enfrentarte a cualquier problema, tu familia debe estar a tu lado para apoyarte. Incluso si ese problema tiene que ver con la sexualidad.

2 **EL PROFESORADO:** otra figura importante y en la que es posible confiar es el profesorado. Quizá puedas preguntarle a une maestre sobre algunas de las cosas que te preocupan o que te despiertan dudas. Son personas referentes que pueden echarte una mano si lo necesitas. Incluso pueden ayudarte a hablar con tu familia si en algún momento no sabes cómo hacerlo.

3 **LAS AMISTADES:** a pesar de que tus amistades seguramente estén tan desorientadas como tú sobre temas de sexualidad y afectividad, siempre está bien compartir con quien tienes a tu lado y que os mostréis apoyo si lo necesitáis. Eso significa que, si alguna amistad te pide apoyo en algún momento, es importante estar a su lado. A ti te gustaría que te ayudaran también, ¿verdad?

Y si necesitas información y no quieres pedirla a quienes te he recomendado antes, siempre debes buscar **canales oficiales de salud o profesionales formades en salud y salud sexual**. Por ejemplo, en la web oficial del gobierno de tu país o en la de los ministerios de educación y salud, siempre hay información que puede ser fiable. En el Centro de Atención Primaria donde vas a ver a tu pediatra seguramente también haya folletos con proyectos sobre salud sexual que te pueden ayudar.

Debes tener cuidado, sencillamente. Te puedes fiar, pero tienes que valorar si es una persona realmente formada para poder hablar del tema y ver qué información ofrece. **Es importante que sepas discernir qué información es engañosa**. Somos muches les profesionales que hacemos divulgación gratuita en estas redes, pero no todas las personas que están en TikTok, Youtube o Instagram ofrecen buena información (a pesar de tener muchos *followers,* el número de seguidores no marca el nivel de profesionalidad de una persona). Lo más importante es que, si buscas información en las redes, **solo te fíes de las**

personas que realmente estén preparadas para hacer divulgación sobre este tema.

INFORMACIÓN FIABLE: EN LA BIBLIOGRAFÍA TE DEJO ALGUNAS REFERENCIAS DE LAS QUE SÍ PUEDES FIARTE.

Hasta ahora hemos hablado de la función reproductiva, erótica y comunicativa de la sexualidad. En el capítulo 1 vimos cómo se hacen los bebés, pero ahora vamos a tratar un tema que es igual de importante: cómo no tenerlos. Es imprescindible tener esta información para poder disfrutar plenamente de las relaciones sexuales **sin correr el riesgo tanto de un embarazo como de una enfermedad de transmisión sexual**. ¡Y así podremos gozar de unas relaciones sexuales satisfactorias y saludables!

¿CÓMO ME LO MONTO SI DESEO GOZAR DE LA SEXUALIDAD COMPARTIDA PERO NO QUIERO TENER UN BEBÉ?

Lo primero que hay que saber para poder tener relaciones sexuales y gozar sin correr el riesgo de sufrir un embarazo es si hay compatibilidad fértil. Eso significa que, aun teniendo relaciones sexuales, no puede haber un embarazo. ¿Cuándo ocurre eso? Cuando las relaciones sexuales se dan entre:

CHICAS CISGÉNERO O PERSONAS CON VULVA:

CUANDO JUEGAN SEXUALMENTE DOS O MÁS PERSONAS QUE TIENEN VULVA.

CHICOS CISGÉNERO O PERSONAS CON PENE:

CUANDO JUEGAN SEXUALMENTE DOS O MÁS PERSONAS QUE TIENEN PENE.

Tampoco hay riesgo de embarazo si se dan:

JUEGOS EN LOS QUE NO HAY CONTACTO GENITAL ENTRE PERSONAS CON UN PENE Y UNA VULVA

POR EJEMPLO:

- SI HAY MASTURBACIÓN.
- SI SE JUEGA A DAR CARICIAS O BESOS.
- SI EL JUEGO ES DE ABRAZOS.
- SI LAS PERSONAS JUEGAN A BESAR LOS GENITALES DE LA OTRA PERSONA (LO QUE SE LLAMA SEXO ORAL).
- SI EL JUEGO IMPLICA TOCAR O BESAR TODO EL CUERPO.

De hecho, todos estos juegos se pueden hacer independientemente de los genitales que se tengan y del género de cada persona. Pueden ser juegos muy placenteros y no tienen riesgo de embarazo.

¿Se te ocurren otros juegos sexuales en los que no haya ese riesgo?

Quizá te preguntes si no se puede practicar la penetración de un pene en una vagina sin que haya riesgo de embarazo. **¡Sí se puede!** Para ello necesitamos los métodos anticonceptivos, que son distintas soluciones para evitar que el óvulo y el espermatozoide se encuentren.

MÉTODOS ANTICONCEPTIVOS TEMPORALES

(1) PRESERVATIVO: es una funda de látex que imposibilita que los espermatozoides entren en contacto con el óvulo. Cuando hay una eyaculación, esta se queda dentro de la funda. Existen de dos tipos:

- **Externo**: se coloca en el pene, es una funda para el pene.
- **Interno**: se coloca dentro de la vagina.

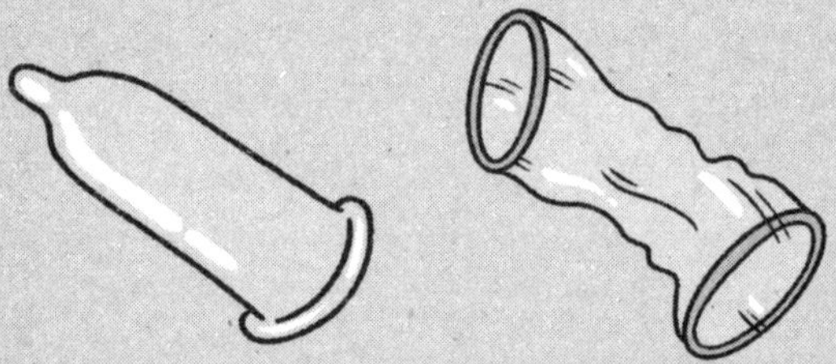

(2) PASTILLAS ANTICONCEPTIVAS: se toman para evitar que el óvulo salga del ovario y, así, si entran espermatozoides nunca encuentran el óvulo.

3 ANILLO ANTICONCEPTIVO: es un aro que se introduce en la vagina y también evita que los óvulos salgan de los ovarios.

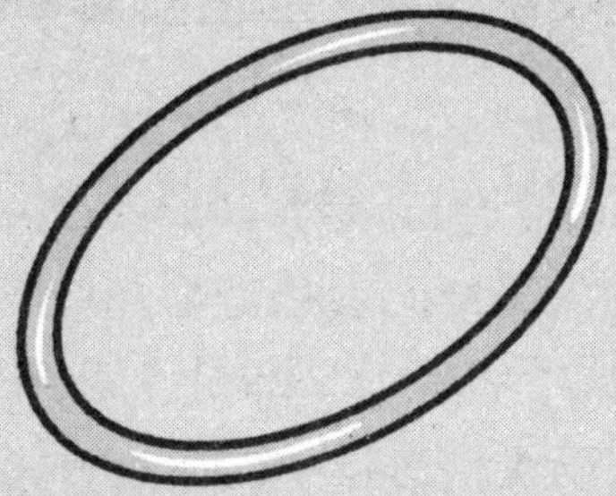

4 PARCHE ANTICONCEPTIVO: es como una tirita y su función también es que los óvulos se queden dentro de los ovarios para que no haya posibilidad de que se encuentren con los espermatozoides.

Hay otros métodos anticonceptivos, que quizá se utilizan menos. Lo más importante es que cada persona encuentre el método que le vaya mejor.

MÉTODOS ANTICONCEPTIVOS DEFINITIVOS

Antes de terminar este punto, también quiero explicarte que existen dos métodos que son definitivos. Una vez que los utilizas, nunca más puedes tener bebés:

1. **VASECTOMÍA:** es una operación médica en la que se corta el conducto por donde circulan los espermatozoides. Si los espermatozoides no tienen camino por donde salir, no pueden encontrar el óvulo. Es una intervención bastante sencilla.

2. **LIGADURA DE TROMPAS UTERINAS:** así el óvulo tampoco tiene el camino para ir hacia el útero y no puede encontrarse con los espermatozoides, si los hubiera. Esta intervención es un poco más compleja.

¿Y SI NO QUIERO CORRER RIESGOS PARA MI SALUD?

En el momento en que nos relacionamos sexualmente con otras personas, existe el riesgo de contagiarnos de algunas infecciones de transmisión sexual. Quizá hayas oído hablar de ellas: VIH, sífilis, hepatitis B, herpes, ladillas, gonorrea, clamidia... Hay unas cuantas. Lo importante es que sepas cómo evitarlas.

Las infecciones se pueden transmitir sexualmente de distintas maneras:

CUANDO HAY PENETRACIÓN:

ESTE TIPO DE JUEGO SE PUEDE TENER CON LA VAGINA Y CON EL ANO.

CUANDO HAY SEXO ORAL:

CUANDO SE BESAN LOS GENITALES.

Como las relaciones sexuales están para pasarlo bien, reducir las posibilidades de pillar una infección nos ayudará a gozar mucho más. Y para ello tenemos un gran aliado: **el preservativo**. Cuando hay una barrera como la que hace la funda de látex, se reducen muchísimo las posibilidades de contagiarse.

El preservativo nos sirve en los juegos de penetración y en el sexo oral hacia un pene. En el caso de querer besar una vulva, podemos utilizar una banda de látex, que es un rectángulo de látex que se pone encima y así podemos besar y gozar con tranquilidad.

¡ATENCIÓN!

Es importante que sepas que es imposible evitar al cien por cien la posibilidad de contagiarse. **AUNQUE HAYA UNA BARRERA DE LÁTEX, PUEDE HABER UN PEQUEÑO RIESGO.**

MI SEXUALIDAD

Ahora que tienes la información necesaria, quizá tengas preguntas acerca de **cómo es la sexualidad para ti**. Es posible que en algún momento de tu vida te plantees si quieres o no tener bebés, pero mientras tanto las funciones de la sexualidad que serán clave en esta etapa son la erótica y la comunicativa: **el placer, la diversión y la expresión de la sexualidad**.

Sin embargo, antes de despedirnos y para que termines de profundizar en todo lo que hemos ido viendo, el último apartado, que encontrarás a continuación, es un espacio para que reflexiones sobre ti a través de un cuestionario.

Este ejercicio te permitirá imaginar, a la luz de todo lo que hemos ido viendo, **cómo deseas que sea tu sexualidad**. Dentro de un tiempo, puedes volver a leer tus respuestas para ver si lo que deseas se va cumpliendo.

Tómate tu tiempo, responde aquellas para las que sientas que tienes la respuesta. Si no te apetece responder alguna pregunta, no lo hagas; quizá en otro momento.

Si no sabes las respuestas de todas, **no te agobies**, porque tal vez necesites seguir aprendiendo y reflexionando para encontrarlas. A lo mejor necesitas volver atrás para recordar algunos de los conceptos que te pregunte... En definitiva, **disfruta de descubrirte, de conocerte**.

¡ADELANTE!

MI VIDA, MI SEXUALIDAD

1 **¿Qué es para mí la sexualidad ahora?**

2 **¿Cómo defino mi identidad de género?**

3 **¿Sé cuál es mi orientación sexual?**

4 **¿Conozco bien mi cuerpo?**

5 **¿Y mis genitales?**

6 **¿Conozco las sensaciones de placer que puedo sentir en mi cuerpo?**

7 **¿Me gustaría tener alguna relación sexoafectiva?**

8 **¿Qué ingredientes debería tener mi relación de pareja o sexoafectiva?**

9 **¿Qué no me gustaría que tuviera mi relación de pareja o sexoafectiva?**

10 **¿Sé a quién acudir si tengo algún problema vinculado con la sexualidad?**

11 ¿De dónde aprendo educación sexual?

12 ¿De dónde me gustaría aprender cosas sobre sexualidad?

13 ¿Qué dudas y preguntas tengo ahora sobre sexualidad?

14 ¿A quién le puedo preguntar para que me ayude a encontrar las respuestas?

MIS REFLEXIONES

Hay tantas preguntas que hacer sobre sexualidad que quizá te apetezca tener tu propio espacio para crear tus preguntas, buscar tus respuestas o anotar tus reflexiones.

Recuerda: tienes recursos al final si necesitas responder a tus preguntas con información fiable y contrastada.

GRACIAS

Este espacio para dar las gracias es muy importante. Dar las gracias a quienes han confiado en mí, me han propuesto este libro y me han ayudado, es imprescindible.

Gracias a Cristina, a B de Blok y a Penguin por confiar en mí y proponerme este proyecto.

Gracias a todas las personas pequeñas y jóvenes que asisten a mis charlas y talleres en los institutos, en los espacios jóvenes de los ayuntamientos, en las escuelas, etcétera.

También a las familias que confían en mí, me preguntan, me escuchan y comparten sus reflexiones e inquietudes conmigo.

Gracias a Brigada jove de Montesquiu y de Sant Quirze de Besora.

Gracias, Arnau y Eloi, por nuestras conversaciones de verano.

Gracias, Lluc y Leia, por estar entusiasmados con el libro y echarme una mano.

Gracias, Palo. ♡

MENSAJE PARA LAS FAMILIAS

Una de las preguntas recurrentes que me hacen las familias es: «**¿Cuándo empezamos a hacer educación sexual en casa?**». Yo les digo siempre que ya la hacen, sin quererlo. Y si en casa no se habla del tema ni se aprovechan las oportunidades que el día a día nos brinda para aprender, compartir y conversar, vendrán otros agentes (como el machismo, la pornografía violenta y machista, el racismo, el capacitismo, el clasismo, la LGTBIQAfobia, etcétera) a enseñar una sexualidad y unos valores que harán que nuestres niñes y adolescentes no sean felices, no se respeten ni respeten a las demás personas... Por eso debemos empezar a ser conscientes de que **la educación sexual forma parte de la educación para la vida** y eso está presente siempre.

Espero que este libro sea de gran ayuda a tus peques para que tengan buenos ejemplos para **comprender la sexualidad y la afectividad de manera saludable**.

RECURSOS PARA LAS FAMILIAS

POR SI QUIERES SABER MUCHO MÁS

Crespi Asensio, Elena (2019), *Habla con ellos de sexualidad*, Lunwerg.

Mouch, Monsieur, y Maria-Paz (2020), *¡Yo sé de verdad cómo se hacen los bebés!*, Takatuka.

Núñez Pereira, Cristina, y Valcárcel, Rafael (2013), *Emocionario. Di lo que sientes*, Palabras Aladas.

Salvia, Anna, y Torrón, Cristina (2020), *La regla mola, si sabes cómo funciona*, Montena.

Salvia, Anna, y Torrón, Cristina (2022), *El semen mola, pero necesitas saber cómo funciona*, Montena.

Torrón, Marta, y Torrón, Cristina (2021), *Tu cuerpo mola, aprende a descubrirlo*, Montena.

Sanders, Jessica (2021), *Sigues tu mateix*, Bindi Books.

Sanders, Jessica (2020), *Tu cuerpo es único y es extraordinario. ¡Aprende a quererlo!*, RBA.

INSTAGRAM Y TIKTOK

Aquí te dejo algunos perfiles de redes sociales que sí son fiables:

- **Arantza Muñoz:**
https://www.instagram.com/arantzamunoz.tsd/
- **Elena Crespi Asensio:**
https://www.instagram.com/elenacrespi81/
- **Eva Garriga:**
https://www.instagram.com/psiqueva/
- **Laura Cámara:**
https://www.instagram.com/lauracamara.ginesex/
- **Menstruita:**
https://www.instagram.com/menstruita/
- **Miriam Al Adib:**
https://www.instagram.com/miriam_al_adib/
- **Nayara Malnero:**
https://www.instagram.com/sexperimentando/
- **Rubén Avilés:**
https://www.tiktok.com/@ruben.avilesx
- **Sílvia Catalán:**
https://www.instagram.com/silcatna/

BIBLIOGRAFÍA

Bueno, David (2022), *El cerebro del adolescente. Descubre cómo funciona para entenderlos y acompañarlos*, Grijalbo.

Thió De Pol, Carme (2012), *M'agrada la família que m'ha tocat. Educar els fills en positiu*, Eumo.

Villegas Besora, Manel (2008), «Psicopatología y Psicoterapia del Desarrollo Moral», *Apuntes de Psicología*, vol. 26, n.º 2, pp. 199-228, ‹https://www.apuntesdepsicologia.es/index.php/revista/article/view/135›.